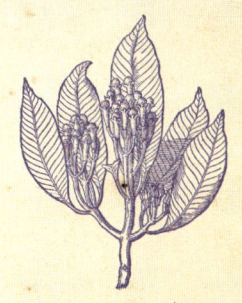

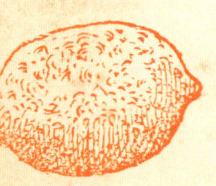

KEW
GARDENS
TEES, TONICS
& COCKTAILS

🌾 GERSTENBERG

Die Originalausgabe erschien 2015 unter dem Titel
Kew's Teas, Tonics and Tipples bei

The Royal Botanic Gardens, Kew,
Richmond, Surrey, TW9 3AB, UK
www.kew.org

Copyright © The Board of Trustees of the Royal Botanic
Gardens, Kew

Projekt-Redakteurin: Vanessa Daubney, Victoria
Marshallsay
Lektorat und Korrektorat: Gina Fullerlove
Fotografien: Paul Little, Thom Hudson
Umschlaggestaltung, Textgestaltung und Seitenlayout:
Louise Millar
Produktion: Georgina Smith

Aus dem Englischen von Julia Paiva Nunes

1. Auflage 2016
Deutsche Ausgabe Copyright © 2016 Gerstenberg
Verlag, Hildesheim
Übersetzung, Satz und Redaktion: twinbooks, München
Druck und Bindung: Livonia Print, Riga
Alle Rechte vorbehalten

Printed in Latvia

ISBN 978-3-8369-2131-2
www.gerstenberg-verlag.de

Der botanische Garten in Kew hat sich zum Ziel gesetzt, das weltweite Wissen über Pflanzen und Umweltschutz zu
fördern und damit die Lebensqualität aller Menschen zu verbessern.

INHALT

Apfel (*Malus*), aus Henry Louis Duhamel du Monceau: *Traité des arbres et arbustes*, Bd. 2, 1755

EINLEITUNG

Dieses Buch widmet sich allen Arten von Getränken und den Pflanzen, aus denen sie hergestellt werden, sowie deren Entdeckung, Geschichte und Tradition. Denn die Getränke, die wir zu uns nehmen, halten uns nicht nur am Leben, sie erfrischen, beleben bzw. beruhigen uns. Zudem sind sie ein wichtiger Teil unserer Kultur geworden. Hinter jedem Getränk steckt auch die Geschichte der enthaltenen Pflanzen. Einige wurden schon kultiviert, bevor die Geschichtsschreibung begann. So vermutet man beispielsweise, dass die Weinrebe, ursprünglich aus Kaukasien stammend, schon vor 5000 Jahren von den Ägyptern und Phöniziern angebaut wurde. Um 2000 v. Chr. wurde sie in Griechenland eingeführt, um 1000 v. Chr. in Italien und Nordafrika. In den folgenden 500 Jahren erreichte der Weinbau Spanien, Portugal und Südfrankreich und kam mit den Römern schließlich nach Mitteleuropa und Großbritannien.

Die Rezepte rund um viele dieser Pflanzen wurden von Generation zu Generation weitergegeben. Viele entspringen besonderen Traditionen und Kulturen und einige gehen gar auf Legenden zurück. So erzählt man etwa, dass die anregende Wirkung des Tees entdeckt wurde, als der chinesische Kaiser Shennong vor 4500 Jahren abgekochtes Wasser trank, in das der Wind die Blätter von Teepflanzen geweht hatte. Zucker, Kräuter und Gewürze kamen als Grundzutaten vieler Getränke auf. Die Entdeckung exotischer Früchte und Gewürze muss besonders in Europa mit seiner vergleichsweise spärlichen Pflanzenwelt aufregend gewesen sein. Eng verknüpft ist dies mit den Entdeckungen von Christoph Kolumbus und seiner Suche nach den »Gewürzinseln«. Ebenfalls einschneidende Bedeutung hatte der Handel auf den Karawanenrouten von Ost nach West, der sogenannten Seidenstraße. Auf diesem Weg gelangten viele essbare Pflanzen in die westliche Welt, darunter Pistazien und Birnen aus Westasien, Gurken, Äpfel, Pfirsiche und Quitten aus Zentralasien, Tee und Rhabarber aus China sowie Gewürze aus Indien.

Sternanis (*Illicium verum*), aus François-Pierre Chaumeton: *Flore Médicale*, 1832

Apfel (*Malus*), aus Pierre-JosephRedouté: *Choix des plus belles fleurs et des plus beaux fruits*, 1833

Himbeere (*Rubus idaeus*), aus
Pierre-Joseph Redouté: *Choix des
plus belles fleurs et des plus beaux fruits*,
1833

Moss Provence Rose von Georg
Dionysius Ehret, aus Christoph
Jakob Trew *Hortus Nittidissimus*, 1750

Aus diesem Grund kam dieses Buch zustande. Die Lieblings-
rezepte von Freunden und Kollegen aus der »Kew-Community«
stammen von nah und fern – so etwa die Ingwerlimonade aus einem tropischen botanischen Garten in Barbados, den einer unserer Praktikanten besucht hat, oder der Grog »Norman-Court«,
den die Nachfahren eines Schiffskochs bis zum Chef-Konserva-
tor von Kew weitergegeben haben. Wir stellen aber auch einige
moderne Drinks vor, z. B. »20 Below«, eine Hommage an den
Wacholder. Außerdem gibt es Rezepte mit grünem Tee sowie mit
Kräuter- und Früchtetee, die von einem berühmten Tee- und
Kaffeehändler aus Yorkshire entwickelt wurden.

Darüber hinaus haben wir acht kurze Texte von Food-
und Gartenautoren zu einigen unserer Lieblingsgetränke und
-zutaten mit aufgenommen. Caroline Craig macht den Anfang und schreibt über Getränke, die zu einem festen täglichen Ritual geworden sind; die Beiträge von Hattie Ellis, Sarah Heaton, Bob Flowerdew und Sophie Missing handeln von
drei Lieblingsgetränken der Briten, Tee, Cider und Gin; und
Susanne Groom sorgt für den historischen Rahmen, indem
sie die Trinkgewohnheiten der georgianischen Könige in Kew
beschreibt. Sheila Keating berichtet über die Chilischote –
einem Ureinwohner von Mexiko, der heute Einzug in so gut
wie alle Küchen der Welt gefunden hat. Und zum Schluss liefern
Jason Irving und Susanne Masters Wissenswertes über Bitterspirituosen und über Fenchel, das »Gewürz der Engel«.

Die Royal Botanic Gardens in Kew beherbergen die größte
botanische Sammlung der Welt. Eine großartige Auswahl von
Kunstwerken, Archivmaterial und seltenen Artefakten aus den
Beständen der botanischen Gärten von Kew wurde verwendet,
um dieses Buch zu illustrieren.

Wir hoffen, dass Sie viel Freude beim Lesen haben und viele
der Rezepte ausprobieren. Es gehört aber auch etwas Kreativität
dazu; scheuen Sie sich nicht, zu experimentieren, und wandeln
Sie die Rezepte nach Ihrem eigenen Geschmack ab.

GINA FULLERLOVE

EIN HEISSES GETRÄNK AM MORGEN

von Caroline Craig

Vom Moment an, in dem wir erwachen, bis zu den letzten Minuten vor dem Schlafengehen ist unser Leben durchdrungen von Ritualen. Mit den meisten unserer Handlungen folgen wir kulturellen Normen, die ihrerseits ein Ergebnis unseres sich stetig wandelnden Tuns und unserer Kulturgeschichte sind. Natürlich wissen wir, dass uns biologische Zwänge wie Hunger und Durst einige Handlungen vorschreiben, aber wie wir dies tun, ist bestimmt von der Kultur, in der wir leben.

Das Trinken macht hierbei keine Ausnahme, selbst in westlichen Ländern. Auch wenn wir hier das Ritualhafte vielleicht nicht in dem Maße sehen wie bei einer japanischen Teezeremonie, pflegen wir genauso von unserer Kultur geformte Rituale, die wir vielen Jahren menschlicher Neugier, Erfindungsgabe und Forschergeist überall auf der Welt zu verdanken haben: von der Tasse, aus der wir trinken, über den Kessel, mit dem wir das Wasser erhitzen, bis hin zum Timing bei der Zubereitung.

Eine Mate-Tasse mit Trinkrohr aus der *Economic Botany Collection* in Kew

Es gibt wahrscheinlich weltweit kaum etwas, das so geschätzt wird, wie ein heißes Getränk. Was von Kultur zu Kultur variiert, ist, wie, warum, wann und wo es eingenommen wird. Der Interessierte kann dabei viel lernen und nebenbei etwas für seine Gesundheit tun, wenn er die mannigfaltigen Rezepte und Rituale rund um den Globus kennenlernt und ausprobiert. Wie etwa einen süßen Chai, zubereitet aus Milch, schwarzem Tee und Gewürzen. In Indien heißt man damit beispielsweise Freunde willkommen. Oder auch den luxuriösen Café au lait in Frankreich, hergestellt aus getrockneten und gerösteten Arabica-Kaffeebohnen, die morgens Körper und Geist anregen.

»Unsere Tasse ist zerbrochen«, zitiert die Anthropologin Ruth Benedict einen Ausspruch von Ramon, einem Indianer aus dem Volk der Shoshonen, aus der Zeit um 1900. Mit dieser Metapher drückt er aus, dass das plötzliche Auftauchen der Eu-

Vanille (*Vanilla planifolia*), aus Nicolas François Régnault: *La botanique mise à la portée de tout le monde*, 1774

Getrocknete Blüten der Tee-
pflanze (*Camellia sinensis*)

Zitrone
Citrus x limon

Ein Teeziegel, einst von Joseph
Hooker aus Indien mitgebracht
und nun in der Economic Botany
Collection in Kew

ropäer mit all seinen Konsequenzen die indigene Kultur auf ge-
wisse Weise zerstört hat. Auch wenn heute viele Geheimnisse und
Weisheiten dieses Volkes verloren gegangen sind, so konnte doch
einiges Wissen überdauern, etwa über das Sammeln und die Zubereitung von Hopi-Tee. Er wird aus den getrockneten Blättern
der Pflanze *Thelesperma megapotamicum* bzw. *Thelesperma filifolium* gekocht
und für seine medizinische sowie beruhigende Wirkung geschätzt.

Erlauben sie mir einen kurzen Blick auf einige meiner eigenen Trinkrituale: Mein Tag beginnt mit einem warmen Zi-
tronenwasser am Küchentisch. Die Zitronen, die wir heute
bei unserem Gemüsehändler bekommen, sind die Früchte des
kommerziell angebauten Baumhybriden *Citrus x limon*. Seine El-
ternpflanzen stammen vermutlich aus Indien, was auch ihre
Verwendung in der ayurvedischen Medizin erklären würde.
Laut dieser alten Heilkunst reinigt heißes Wasser mit Zitrone
das Verdauungssystem. Aufgrund ihres hohen Vitamin-C-Ge-
halts waren die Früchte außerdem ein effektives Heilmittel für
Seeleute, die an Skorbut litten. Über die Geschichte der weltweiten Verbreitung von Zitrusfrüchten und vor allem der Zitronen lässt sich viel Romantisches lesen. Inzwischen verbinden wir
sie eng mit Italien, wo einige Sorten bereits seit über 2000 Jahren kultiviert werden.

Da ich meinen Tag ohne Koffein beginne, führt mich mein
erster Weg im Büro stets in die Teeküche, wo ich mir meistens
eine Tasse Lapsang Souchong zubereite (aus den über Holzfeuer
geräucherten Blättern der *Camellia sinensis*). Tee ist überall beliebt,
und es wurde schon so viel darüber geschrieben: über seine
botanischen und soziologischen Ursprünge als Luxusprodukt
aus China, über unsere Übernahme einer praktischen amerikanischen Erfindung, des Teebeutels, sowie endlose Debatten
darüber, was seine perfekte Zubereitung sei. Zu Letzterem gab
George Orwell in seinem Essay »A Nice Cup of Tea« von 1946
einen guten Rat: Tee solle immer in einem (vorgewärmten)
Teekessel zubereitet werden. In einem gewagten Statement sag-
te er: »Eine starke Tasse Tee ist besser als zwanzig schwache.«
Es ist zwar eher unwahrscheinlich, dass ich vor einem Team-

meeting am Dienstagmorgen während der 9.00-Uhr-Teeküchen-Rushhour mit einem Teekessel hantiere, aber es ist mir stets ein Anliegen, meinen Tee stark genug aufzubrühen. Ich wasche den Kessel aus und fülle ihn dann mit frischem Leitungswasser. Wenn das Wasser kocht, gieße ich es auf den Lapsang-Teebeutel in meinem Lieblingsgefäß – ein grüner, breitrandiger französischer Kaffee-»Bol«. Der so typische rauchige Duft schwebt aus der Trinkschale und erfüllt den Raum. Es ist nicht jedermanns Geschmack, und ich habe für Lapsang schon oft die Bezeichnungen »Bacontee« oder »Wursttee« gehört. Aber ich liebe ihn, wie angeblich auch Winston Churchill.

Für viele ist das vormittägliche 11.00-Uhr-Läuten das Zeichen für eine Kaffeepause. Es gilt als erwiesene Tatsache, dass der französische Kaffee deutlich besser ist als der aus England (zumindest laut Mrs. Beeton), deshalb ist eine französische Cafetière (Pressstempelkanne) die Methode meiner Wahl, um *Coffea-arabica*-Bohnen aufzubrühen. Dieses anregende Getränk hält mein Büro und eigentlich die ganze Welt am Laufen, sowohl in physiologischer als auch in ökonomischer Hinsicht: Kaffee, dessen botanische Wurzeln in Äthiopien liegen und dessen erste Spuren bis in die jemenitische Antike zurückreichen, ist heute nach Rohöl die meistgehandelte Ware, und die Branche beschäftigt 26 Millionen Menschen in 52 Ländern. Wissenschaftler in den königlichen botanischen Gärten in Kew haben nachgewiesen, dass die Pflanze äußerst empfindlich auf Klimaveränderung reagiert und raten dazu, seine wilden Verwandten auf genetische Eigenschaften zu untersuchen, mit der sich die Stressresistenz der Art verbessern lässt. In England wurden in den letzten Jahren zahllose Pubs geschlossen, während immer mehr Kaffee-Etablissements öffnen. Es hat etwas sehr Befriedigendes, sich seinen eigenen Kaffee zuzubereiten: Die Bohnen zu mahlen, etwas Milch zu erhitzen, eine Tasse auszuwählen, der warme Duft, der aufsteigt … Auch während der nächsten Jahrhunderte wird man sicher weiterhin Pausen für Heißgetränke in verschiedensten Formen einlegen, dieser Gedanke hat etwas sehr Tröstliches.

Kaffee (*Coffea arabica*), aus Joseph Jacob Plenck: *Icones Plantarum Medicinalium*, 1788–1812

TEES UND KRÄUTERTEES

Gärtnerinnen trinken Tee in den Royal Botanic Gardens, Kew, 1939. Eine Teepause wurde in Kew erst eingeführt, als Minnie Hill persönlich bei Direktor Sir Arthur Hill vorsprach und diese Bitte vortrug. Er gestattete genau zehn Minuten am Nachmittag.

Die ersten Frauen als Gärtnerinnen wurden in Kew während des Zweiten Weltkriegs beschäftigt. 14 wurden 1940 angestellt, weitere 13 kamen 1941 hinzu. Die Frauen bezeichneten ihre damalige Arbeitskleidung, bestehend aus einer Schürze und Clogs, als »Battledress«, also als Kampfanzug. Die Clogs waren einfache Lederschuhe mit Holzsohlen. Eine der Frauen, Jean Thompson, erzählte meiner Kollegin Betty Cooper: »Ich werde nie vergessen, wie schwierig es war, mit den Clogs über die Felsen zu balancieren.«

Camellia sinensis von einem unbekannten Künstler aus der Company School, spätes 18. Jahrhundert

VANILLE-CHAI

Chai ist ein cremiges, süßes und würziges Teegetränk aus Indien. Viele der darin verwendeten Gewürzzutaten sind in der ayurvedischen Medizin Heilmittel. Man verwendet sie also nicht nur wegen ihres Aromas, sondern auch aufgrund ihrer überlieferten gesundheitlichen Wirkung. Angesichts der in Indien allgegenwärtigen Straßenverkäufer, die Chai anbieten, und der Familienrezepte, die in vielen indischen Familien — oft als streng gehütetes Geheimnis — von Generation zu Generation weitergegeben werden, gibt es unzählige Variationen. Experimentieren Sie mit den verschiedenen Gewürzmischungen und kreieren Sie Ihre eigene »Hausmarke«!

1. Die Kardamomsamen aus den Kapseln lösen und zusammen mit den Gewürznelken in einem Mörser oder in einer kleinen Schale zerstoßen. Das Vanillemark aus der Schote kratzen.
2. Die Kardamom-Nelken-Mischung, das Vanillemark und die restlichen Zutaten in einen Topf mit Ausguss geben, das Wasser hinzufügen und alles bei schwacher Hitze unter gelegentlichem Rühren langsam zum Kochen bringen.
3. Den Tee abseihen und sofort mit Würfelzucker servieren.

Für 6–8 Portionen
3 **Kardamomkapseln**
3 **Gewürznelken**
1 **Vanilleschote**
1 TL frisch gemahlener **schwarzer Pfeffer**
1 TL geriebener **Ingwer**
¼ TL **Zimt**, 1 **Sternanisblüte**
4 Beutel **Schwarztee** oder 4 TL **schwarze Teeblätter**
600 ml **Vollmilch**
150 ml **Wasser**, **Würfelzucker**

Vanille (*Vanilla planifolia*), aus *Köhler's Medizinal-Pflanzen*, 1883–1914

Sternanis
Illicium verum

MASALA-CHAI

Lorbeer (*Laurus nobilis*) verleiht diesem köstlichen, mild-würzigen Getränk seinen angenehmen Duft. Lorbeerbäume sind relativ leicht zu halten. Eine kleine Pflanze in einem Topf gedeiht prächtig auf einem sonnigen Fensterbrett. Und bei Bedarf kann man jederzeit ein bis zwei Blätter abpflücken. Auch getrocknete Lorbeerblätter bewahren ihr Aroma gut. Da es teils sehr stark sein kann, sollten Sie, wenn Sie keine frischen Blätter zur Hand haben, in folgendem Rezept nur ein halbes getrocknetes Blatt verwenden.

1. Das Wasser in einem großen Topf bei mittlerer Hitze erwärmen. Gewürze, Lorbeerblatt und geriebenen Ingwer hineingeben und alles aufkochen lassen. Die Herdplatte ausschalten und die Mischung 4–5 Minuten ziehen lassen.

2. Das Wasser erneut zum Kochen bringen, Tee sowie Zucker zufügen. Die Hitze reduzieren und den Tee 2–3 Minuten sanft köcheln lassen. Die Milch zugeben und alles erneut aufkochen lassen.

3. Weitere 5 Minuten sanft köcheln lassen. Dann vom Herd nehmen und den Tee durch ein Sieb in kleine Teegläser füllen.

Für 4 Portionen

500 ml **Wasser**

1 **Zimtstange**, in der Mitte durchgebrochen

6 **grüne Kardamomkapseln**, im Mörser grob zerstoßen

4 **Gewürznelken**

8 **schwarze Pfefferkörner**, leicht angedrückt

1 frisches **Lorbeerblatt**

3 cm langes Stück frische **Ingwerwurzel**, geschält und gerieben

2 EL **Schwarzteeblätter** nach Belieben

3 TL **Zucker** nach Belieben

300 ml **Vollmilch**

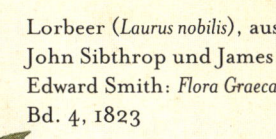

Lorbeer (*Laurus nobilis*), aus John Sibthrop und James Edward Smith: *Flora Graeca*, Bd. 4, 1823

Gewürznelke
Syzygium aromaticum

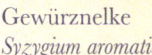

PFEFFERMINZTEE MIT ORANGE ODER ZITRONE

Probieren Sie diese unkomplizierte Kombination aus frischer Minze und Orangen bzw. Zitronen als erfrischende Alternative zu herkömmlichem Pfefferminztee!

Für 2 Portionen

1 **Orangen**- oder **Zitronen-scheibe**

1 **Zimtstange**

1 kleine Handvoll frische **Minzeblätter**

kochendes **Wasser**

1 TL **Honig**

1. Orangen- bzw. Zitronenscheibe, Zimtstange und frische Minze in eine kleine Teekanne geben.

2. Die Zutaten mit kochendem Wasser übergießen und ziehen lassen. Den Tee in Tassen füllen und mit Honig süßen.

Zimt (*Cinnamomum verum*), aus der Sammlung Roxburgh

Orange
Citrus x aurantium

PFEFFERMINZTEE

Jon Drori ist ehrenamtlicher Mitarbeiter der Botanischen Gärten in Kew und besucht die Gärten schon seit seiner Kindheit. Folgendes ist sein Lieblings-Familienrezept für Pfefferminztee.

Für 4 Portionen

1 Teebeutel oder 1 gehäufter TL **schwarzer Tee**

1 gute Handvoll frische **Minzeblätter**

4 TL **Zucker** nach Belieben

kochendes **Wasser**

evtl. 1 Tropfen **Rosenwasser**

1. Den Tee bzw. den Teebeutel zusammen mit Minze und Zucker in eine Teekanne geben. (Sie können den Tee stattdessen auch in der Tasse süßen oder nur ein wenig Zucker dazugeben und später nachsüßen.)

2. Die Mischung mit kochendem Wasser überbrühen, umrühren und 3 Minuten ziehen lassen. Nach Belieben Rosenwasser dazugeben. Den Tee durch ein Sieb in vier Tassen füllen und servieren. Nach Belieben noch Zucker zugeben.

ZITRONENMELISSE-PFEFFERMINZ-TEE

Dieser aromatische Kräutertee hat Jon Drori zufolge eine sehr beruhigende Wirkung – perfekt nach einem hektischen Tag im Büro. Das Verhältnis zwischen Zitronenmelisse- und Minzeblättern sollte hierfür bei ca. 2:1 liegen.

1. Zitronenmelisse- und Minzestängel in eine große Tasse geben.
2. Die Tasse mit kochendem Wasser füllen. Dabei darauf achten, dass alle Blätter bedeckt sind.
3. Umrühren, einige Minuten ziehen lassen und genießen.

Für 1 Portion
2 Stängel frische **Zitronenmelisse**
1 Stängel frische **Minze**
kochendes **Wasser**

Zitronenmelisse (*Melissa officinalis*), aus Friedrich Gottlob Hayne: *Getreue Darstellung und Beschreibung der in der Arzneykunde Gebräuchlichen Gewächse*, 1809

PFEFFERMINZ-FENCHEL-TEE

Ein weiterer Favorit des Drori-Haushalts, der lindernd bei Bauchschmerzen wirkt. Sämtliche Zutaten sind darüber hinaus für ihre blähungslösende Wirkung bekannt. Schon die Zubereitung zu beobachten wirkt entspannend. Kinder mögen diesen Tee besonders gern — am liebsten gesüßt mit etwas Zucker.

1. Fenchel, Kreuzkümmel- und Kümmelsamen im Mörser oder in einer kleinen Schale zerstoßen, damit sich das Aroma besser entfaltet.
2. Samenmischung und Minzeblätter in einen Topf geben, nach Belieben etwas Zucker zufügen. Mit ca. zwei Tassen kochendem Wasser überbrühen. Umrühren und 3 Minuten ziehen lassen.
3. Den Tee durch ein Sieb in zwei Tassen gießen, nach Belieben nochmals mit Zucker süßen und servieren. Etwas abkühlen lassen. Langsam und nicht zu heiß trinken.

Für 2 Portionen
2 TL **Fenchelsamen**
1 TL **Kreuzkümmelsamen**
1 TL **Kümmelsamen**
12 frische **Minzeblätter**
Zucker nach Belieben
kochendes **Wasser**

Fenchel
Foeniculum vulgare

BIENENBALSAM-TEE

Bienenbalsam (*Monarda fistulosa, M. didyma*), auch als Goldmelisse oder Indianernessel bezeichnet, war bei den ersten europäischen Siedlern in Amerika ein beliebter Tee-ersatz, als nach der Boston Tea Party englischer Tee nicht mehr erhältlich war. Diese Heilpflanze, die zu den Lippenblütlern gehört, wird aufgrund ihrer entzündungshem-menden Wirkung bei Erkältungen oder Halsschmerzen eingesetzt. Sie ist aber auch ein geschätztes die Verdauung anregendes Mittel nach einem üppigen Abendessen. Stevia dagegen ist ein natürlicher Süßstoff, der aus der Stevia-Pflanze gewonnen wird. Man benötigt nur sehr wenig davon, um eine entsprechende Wirkung zu erzielen.

Für 1 große Tasse

1 EL frisch gepflückte **Bienenbalsam-Blütenblätter**

150 ml kochendes **Wasser**

Stevia nach Belieben

1. Die Bienenbalsam-Blütenblätter in eine kleine vorgewärmte Teekanne geben, mit kochendem Wasser übergießen und einige Minuten ziehen lassen.

2. Den Tee durch ein Sieb in eine große Tasse gießen, mit einem oder zwei Tropfen Stevia süßen und genießen.

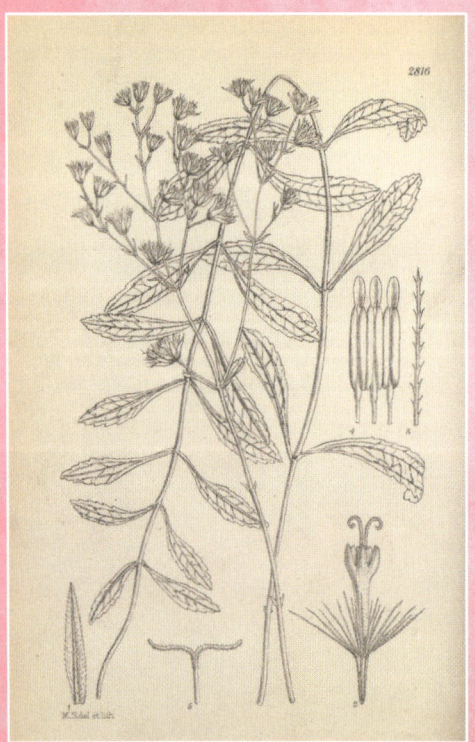

LINKS: Stevia (*Stevia rebaudiana*), aus W. J. und J. D. Hooker: *Icones Plantarum*, 1906
RECHTS: Bienenbalsam (*Monarda didyma*), aus der Sammlung von Kew

SOMMERNACHTS-ROSENTEE

Das einzigartige Rosenaroma erweckt vor dem geistigen Auge die verschiedensten Bilder: von sinnlichen arabischen Nächten bis hin zu gepflegten Nachmittagstees in blühenden englischen Gärten. Ob in aromatischen Süßigkeiten wie türkischem Honig oder als simpler, delikater Tee wie in diesem Rezept — bereichern Sie mit Rosenblüten Ihr kulinarisches Repertoire. Diese sommerlichen Schönheiten blühen von Juni bis September!

1. Die Rosenknospen unter fließendem kaltem Wasser waschen und in eine vorgewärmte Teekanne geben.

2. Die Teekanne mit kochendem Wasser füllen und die Mischung 5 Minuten ziehen lassen. Den Rosentee durch ein Sieb in Porzellanteetassen gießen.

3. Nach Belieben mit etwas Orangenblütenhonig süßen und servieren.

Für 4 Portionen

1 Handvoll frisch gepflückte **Damaszener-Rosen-Knospen***

kochendes **Wasser**

Orangenblütenhonig nach Belieben

Rosa x damascena

LINKS: Damaszener-Rose (*Rosa x damascena*), aus Mary Lawrance: *A Collection of Roses from Nature*, 1799
RECHTS: Orangenblüte (*Citrus sinensis*), aus Pierre-Joseph Redouté: *Choix des plus belles fleurs et des plus beaux fruits*, 1833

Stiefmütterchen (*Viola tricolor*),
aus Pierre-Joseph Redouté:
*Choix des plus belles fleurs et des plus beaux
fruits*, 1833

La Pensée.

Viola tricolor

PINK-GRAPEFRUIT-STIEFMÜTTERCHEN-TEE

Dieser Tee kann je nach Vorlieben auch gesüßt werden, der frische Zitrusgeschmack der Pink Grapefruit macht ihn allerdings auch ungesüßt zu einem idealen Frühstücksgetränk. Die Stiefmütterchen (*Viola* spp.) sehen hübsch aus, vor allem in Rosa- oder Violetttönen, und verleihen dem Tee ein sehr feines Aroma.

1. Grapefruitzesten und -saft in eine vorgewärmte Teekanne geben. Mit kochendem Wasser aufgießen.

2. Die Stiefmütterchen-Blütenblätter auf vier vorgewärmte Teetassen verteilen. Den Grapefruittee darübergießen und servieren.

Für 4 Portionen

in Streifen geschnittene Zesten und Saft von 2 großen **Pink Grapefruits**
500 ml kochendes **Wasser**
Blütenblätter von 6–8 **Stiefmütterchen**

Grapefruit (*Citrus* x *aurantium*), aus Antoine Risso und Pierre Antoine Poiteau: *Histoire et Culture des Orangers*, 1782

WIE SICH DIE BRITEN IN DEN TEE VERLIEBTEN von Hattie Ellis

Tee ist für uns Briten nicht nur ein Getränk. Er ist Teil unseres Nationalcharakters. In England hat sich ein regelrechter Teekult mit speziellen Essenszeiten, Speisen und Etikette entwickelt. Doch wie konnte ein Getränk, das ursprünglich aus China stammt und aus den Blättern der exotischen Pflanze *Camellia sinensis* hergestellt wird, solchen Einfluss auf das Gefühlsleben eines ganzen Landes gewinnen?

Teeanbau, 1887

Bei seiner Ankunft in England Mitte des 17. Jahrhunderts war Tee eine exotische Importware, galt ebenso als Medizin wie als anregendes Getränk und wurde sowohl in Apotheken als auch in den neu aufkommenden »Coffee Houses« verkauft. Katherina von Braganza machte den Tee in England populär, als sie 1662 König Charles II. heiratete. Eine Kiste Tee war Teil ihrer Mitgift, und ihr tägliches Getränk wurde schnell zum Sinnbild des eleganten höfischen Lebens. Man trank den Tee aus feinem Porzellangeschirr, und schon bald entwickelten sich, nebst zugehörigem Mobiliar wie Teetischen, auch eine entsprechende Etikette: Die Dame des Hauses kochte und servierte den Tee höchstselbst, und die wertvollen Blätter wurden in aufwendig gearbeiteten Dosen aufbewahrt.

Die Verpackung von Tee in Indien

Die Beziehung der Briten zu ihrem Tee ist eng verbunden mit den englischen Handelsbeziehungen und der Geschichte des Empire. Im Jahre 1600 stellte Königin Elisabeth I. der britischen Ostindien-Kompanie einen Freibrief für den Handel mit Indien und Fernost aus. Die Fracht der Kaufleute bestand hauptsächlich aus Tee und Gewürzen sowie aus Seide und Porzellan. Die Ostindien-Kompanie machte massiv Werbung für das neue Getränk, zum Teil auch, um dem anfänglichen Verdacht entgegenzuwirken, der fremdländische Import würde das englische Bier verdrängen. Da sich England und Holland Ende des 17. und Anfang des 18. Jahrhunderts im

Die Besucher von Kew trinken Tee am 1920 eröffneten »Refreshment Pavilion« (Erfrischungs-Pavillon).

Tee-Ernte in Indien

Männer schleppen »Teeziegel«.
Fotografiert von Pflanzensammler
Ernest Wilson, 30. Juli 1908.

Krieg mit Frankreich und später im Erbfolgekrieg mit Spanien befanden, schreibt Jane Pettigrew in *A Social History of Tea,* waren zu dieser Zeit die Handelsrouten für Kaffee aus der Levante unsicherer als die für den Tee der Ostindischen Kompanie.

Anfangs tranken die Briten mehr grünen als schwarzen Tee. Doch im Laufe des 18. Jahrhunderts gewannen die schwarzen Teesorten die Überhand. Der fermentierte Schwarztee überstand die lange Reise aus China besser als der frische grüne Tee. Auch die Zugabe von Milch entstand in dieser Zeit, zum einen, weil sie als stärkend galt, was den gesundheitsfördernden Aspekt des Tees weiter förderte, zum anderen weil sie den schwarzen Tee milder machte, mit dem sie auch besser harmonierte als mit den grünen Sorten. Ferner stiegen im 18. Jahrhundert auch die Zuckerimporte. Einige glauben gar, der britische Hang zum Tee ginge Hand in Hand mit einer richtiggehenden Sucht nach Süßem. Es gibt sogar die Theorie, dass die Engländer nur mehr schwarzen Tee tranken, um mehr Zucker zu konsumieren, denn Zucker macht, genauso wie Milch, den gerbsäurehaltigen schwarzen Tee milder.

Zu Beginn war Tee ein wertvolles, teures Luxusgut und somit nur den Wohlhabenden vorbehalten. Doch der Schmuggel blühte, und im 18. Jahrhundert verbreitete sich das Getränk in der gesamten englischen Gesellschaft. Hier waren auch Fälschungen durchaus üblich. Blätter anderer Pflanzen wie Weißdorn, Esche, Holunder und Schlehe wurden als »Tee« verkauft, und falscher grüner Tee wurde mit schädlichem Kupfer gefärbt, vielleicht ein weiterer Grund, warum England zu einer Nation von Schwarztee-Trinkern wurde. Am Ende musste auch die Regierung dieser nationalen Leidenschaft Tribut zollen. 1784 senkte sie im *Commutation Act* die Steuern von 119 auf 12 Prozent. Inzwischen war das Teetrinken von einer Nachmittags- bzw. Abendbeschäftigung zum Teil des Frühstücks geworden. Samuel Johnson argumentierte in seiner berühmten Verteidigungsrede für das Teetrinken, er sei jemand, »der sich mit Tee am Abend vergnügt, mit Tee um Mitternacht tröstet und mit Tee den Morgen willkommen heißt«. Als die Engländer dann begannen, immer später zu Abend zu essen, öffnete sich am Nachmittag eine »Hungerlücke«. Und der Nachmittagstee mit seinen speziellen erlesenen Speisen wurde zu einer festen Einrichtung in den Salons der viktorianischen feinen Gesellschaft. 1834 verlor die Ostindien-Kompanie ihr Handelsmonopol für China und auch in Indien und andernorts wurden Tee-Plantagen errichtet, um die gestiegene nationale Nachfrage zu decken. Tee wurde leichter erhältlich und billiger, noch in den 1920er-Jahren gingen 60 Prozent der weltweiten Teeexporte nach Großbritannien.

Zu jener Zeit trank bereits ganz England Tee. Manche Historiker behaupten sogar, die industrielle Revolution sei eher von Tee als von Bier beflügelt worden. Denn die Arbeiter tranken Tee, der aus ungefährlichem abgekochtem Wasser zubereitet war, der Energie spendete und die Gesundheit förderte. Hausbedienstete bekamen oftmals Teegeld als Teil ihrer Entlohnung, und Tee gab es auch an ihrem *Downstairs Day,* dem frühen Vorläufer der Teepause. In allen Bereichen inspirierte der Tee Kultur und Mode. Teehäuser wurden Bestandteil des öffentlichen Lebens. Das erste wurde 1864 von der Aerated Bread Company (ABC) eröffnet und ist noch heute eine florierende Institution. Im frühen 20. Jahrhundert kamen Tanztees groß in Mode, ebenso wie Teekleider für eine zwanglose Unterhaltung.

Genauso wie die Gewürze, die von der Ostindischen Kompanie nach England gebracht wurden, noch heute aus den Küchen nicht wegzudenken sind, ist auch Tee heute noch ein wichtiger Teil unseres Lebens. Wenn wir aus der Arbeit kommen oder vom Shopping, einen langen Spaziergang gemacht oder einen Nachmittag mit harter Gartenarbeit verbracht haben, freuen wir uns auf eine Tasse Tee. Der Gedanke an eine erfrischende, belebende Tasse Tee ist immer noch ein wichtiger Teil der »nationalen DNS« Großbritanniens.

OBEN: Tibetische Teekanne, gefunden von Joseph Hooker auf seiner Himalaya-Expedition 1847–1849

UNTEN: Tee und Kaffee, von Jean-Jacques Grandville aus *Les Fleurs Animees*, Paris, 1847

THÉ ET CAFÉ

Kaffee (*Coffea arabica*) von Manu Lal,
Zeichnung Company School, 19. Jahrhundert

HEISSES ZUM AUFWÄRMEN

WARMER MOKKA-PUNSCH

Aus Kaffee kann man viel mehr machen als Cappuccino oder Espresso. Sein sanftes, leicht bitteres Aroma erinnert an Schokolade und ist auf der ganzen Welt beliebt. Hier kombiniert Jeremy Cherfas Kakao, schwarzen Kaffee und Kaffeelikör mit Zimt zu einem wundervoll würzigen Getränk.

Für 1–2 Portionen
150 ml **Vollmilch**
1 EL **Kakaopulver**
150 ml frisch aufgebrühter
   Kaffee
2 EL **Kaffeelikör**
1 EL **Zucker**
Zum Servieren:
Schlagsahne
geraspelte **Schokolade**
1 bzw. 2 lange **Zimtstangen**

1. Die Milch anwärmen, das Kakaopulver hineingeben und mit dem Schneebesen unterrühren. Kaffee, Likör und Zucker nach Belieben zufügen.

2. Die Mischung schaumig schlagen, dann in Gläser füllen. In jedes Glas einen kleinen Klecks Schlagsahne geben, ein paar Schokoladenraspel darüberstreuen und das Getränk mit einer Zimtstange zum Umrühren servieren.

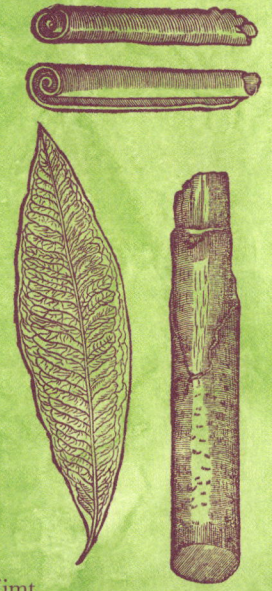

Zimt
Cinnamomum verum

Kaffee (*Coffea arabica*), aus Nicolas François Régnault:
La botanique mise à la portée de tout le monde, 1774

KARDAMOM-KAFFEE MIT SCHUSS

Grüner Kardamom ist ein intensiv aromatisches Gewürz aus der Ingwerfamilie Zingiberaceae. Mit seinem kräftigen Geschmack ist er eine hervorragende Ergänzung zu Kaffee. In diesem Rezept von Jeremy Cherfas vereinen sich Kardamomkapseln und Kaffeebohnen mit Cognac zu einem stärkenden und anregenden Getränk.

Alle Zutaten in einem kleinen Topf mischen und ca. 5 Minuten sanft anwärmen, damit sich die Aromen gut entfalten. Servieren.

Wodka und Grappa passen ebenfalls sehr gut zu diesem Kaffee-Getränk.

Für 1 Portion

150 ml frisch aufgebrühter **Kaffee**

1–2 TL **Zucker** oder nach Belieben

2 **grüne Kardamomkapseln**, zerdrückt

1 EL **Cognac** oder **Wodka** bzw. **Grappa** nach Belieben

Grüner Kardamom (*Elettaria cardamomum*), aus *Köhler's Medizinal-Pflanzen*, 1883–1914

MRS. BEETONS KAKAO

Bei diesem Rezept von einer der Meisterinnen der häuslichen Küche geht es eher um die Technik als um die Zutaten. Es lässt sich nach Lust und Laune anpassen und variieren, etwa durch einen Schuss Brandy oder Whisky bzw. mit verschiedenen Kakaosorten.

Für 1 Portion
2 TL **Kakaopulver***
300 ml **Milch** oder **Wasser**
   (bzw. eine Kombination aus beidem)

1. Den Kakao in eine Tasse geben. 4 TL Milch bzw. Wasser zufügen und alles zu einer Paste verrühren.

2. Die restliche Milch bzw. das restliche Wasser in einem kleinen Topf zum Kochen bringen, dann zu der Schokoladenpaste geben. 1–2 Minuten lang umrühren.

*Blockkakao (10 g) kann auf dieselbe Weise verwendet werden.

Kakao (*Theobroma cacao*), aus *Köhler's Medizinal-Pflanzen*, 1883–1914

HEISSE SCHOKOLADE MIT CHILI

Bei den Maya und Azteken galten Schokolade und Chilischoten als göttliche Nahrungsmittel. Das Höchste war daher, beides in einem würzigen Getränk zu vereinen. Als die Europäer im 17. Jahrhundert begannen, Kakao für sich zu entdecken und an ihren Geschmack anzupassen, fügten sie weitere Gewürze hinzu. Wenn Sie möchten, können Sie statt Chili eine Zimtstange und eine Vanilleschote dazugeben, während Sie Kakao und Wasser erhitzen, und dann vor dem Umrühren herausnehmen.

1. Alle Zutaten in einen Topf geben und unter Rühren zum Kochen bringen. Die Hitze reduzieren und alles ca. 3 Minuten sanft köcheln lassen, bis die Mischung etwas andickt und schön glänzt.

2. Mit einem Schneebesen oder – idealerweise – einem Stabmixer das Getränk schaumig schlagen. Die Schokolade entweder heiß trinken oder, falls Sie Ihre Schokolade nach Art der Azteken servieren wollen, auf Raumtemperatur abkühlen lassen.

Für 6 Portionen

100 g **Kakao** (100 %), grob gehackt

1 TL **Chilipulver** nach Belieben

¾ TL **Annattopulver** nach Belieben

2 EL **Rohrohrzucker**

450 ml **Wasser**

SCHOKOLADE in ihrer reinen Form enthält »Glücksmoleküle«, Botenstoffe, die die Laune heben. »Eine Kombination aus Kakao und Chili ist das ultimative Getränk, um sich aus einem Stimmungstief zu befreien«, behauptet Schokoladen-Aficionado Willie Harcourt-Cooze, der in seiner Schokoladenmanufaktur in Devon seinen 100-prozentigen *Willie's Cacao* produziert, aus ausgewählten Kakaobohnen und mit historischen Maschinen. »Für die heiße Schokolade verwende ich ein recht mildes Chilipulver, das die Aromen des Kakaos ein wenig mehr öffnet, aber je nach Stimmungslage kann man auch mit schärferen Varianten experimentieren.« Manche gewürzte Schokoladenrezepte enthalten zwar Milch, doch Willie schwört auf das authentische Kakaogetränk, das mit Wasser zubereitet wird, aus der simplen Kombination von Schokolade, Chili und Annatto, das in Mexiko »Achiote« genannt wird. Dieses Gewürz wird aus den Samen des tropischen Strauchs *Bixa orellana* gewonnen, und die Azteken verwendeten es wahrscheinlich, um ihren Schokoladengetränken eine schöne tiefrote Farbe zu verleihen. Annatto wird als natürlicher Farbstoff auch von Käseherstellern für goldgelben Sorten wie Double Gloucester und Red Leicester eingesetzt.

KÖNIGIN CAROLINE, die Gemahlin von Georg II., liebte zum Frühstück nichts mehr als eine Tasse heiße Schokolade und eine Schale Erdbeeren. Wenn sie in ihrer Sommerresidenz in Richmond Lodge weilte, frühstückte sie oft in Gesellschaft ihrer Lieblingshofdame Lady Sundon und spazierte an den Flussterrassen zu ihrem Haus in Kew. Ihre Tasse Schokolade wurde der Königin in einem silbernen Gefäß serviert, in dem ein Quirl steckte, den man drehen konnte, um das Getränk schaumig zu rühren. Manchmal wurden Gewürze wie Zimt oder Vanille hinzugefügt, um den bitteren Geschmack der Schokolade zu überdecken. In Königin Carolines Küche musste der Koch noch mit unverarbeiteten Kakaoschoten kochen, wir hingegen können es uns einfach machen und ein Stück feiner Schokolade abbrechen.

CAUDLE wurde traditionell aus Tassen mit zwei Henkeln getrunken. Josiah Wedgwood überreichte Königin Charlotte zur Geburt des künftigen Königs Georg IV. 1762 ein Caudle- und Frühstücksset aus Porzellan, womit er den Absatz seiner »Creamware« deutlich ankurbelte, die er nun als »Queen's ware« vermarktete. Es gibt zahlreiche Caudle-Rezepte, manche verwenden auch Haferflocken, und als Aromazutaten dienen Muskat, Safran, Rosinen oder Orangenblütenwasser. Das Rezept für Caudle auf S. 33 entstammt dem Kochbuch *The Compleat Housewife or Accomplish'd Gentlewoman's Companion* (1753).

SCHOKOLADE NACH ART DES 18. JAHRHUNDERTS

Schokolade erfreute sich Ende des 17. Jahrhunderts am englischen Königshof großer Beliebtheit. Wilhelm III. beschäftigte einen eigenen Chocolatier, Mr. Nice, der ihm sein Lieblingsgetränk zubereitete. Auch Anne, die letzte Königin aus dem Haus der Stuarts, verfiel ebenfalls dem Kakaogenuss. Und nach dem Ende ihrer Regentschaft pflegte sodann das Haus Hannover die höfische Tradition des Schokoladengenusses weiter.

1. Schokolade und Portwein in einen mittelgroßen Topf geben und langsam erhitzen, nach Belieben mit Zucker süßen.
2. Eine kleine Menge Speisestärke mit dem Schneebesen unterrühren. Die Mischung nicht aufkochen lassen.
3. Falls gewünscht, Vanille oder Zimt zufügen. Die Schokolade schaumig schlagen und heiß servieren.

Für 2 Portionen

25–50 g **dunkle Schokolade**, in kleine Stücke gebrochen

½ Flasche **Portwein**, **Sherry** oder **Wein**

2–3 EL **Zucker**

1 Prise **Speisestärke**

1–2 Tropfen **Vanilleessenz** oder ½ TL gemahlener **Zimt** nach Belieben

THEOBROMA CACAO. L.
Der gemeine Cacaobaum.

OBEN: Kakaobohnen aus der *Economic Botany Collection* in Kew

LINKS: Kakao (*Theobroma cacao*), aus Joseph Jacob Plenck: *Icones Plantarum Medicinalium*, 1788–1812

HOLUNDER-ROB

Kew-Botaniker Lee Davies bekam dieses Rezept vor einigen Jahren von einer Freundin, als er bei ihr zu Besuch war und eine Erkältung auskurierte. Es ist vollgepackt mit Vitamin C, besonders wohltuend bei Halsbeschwerden und noch dazu extrem wohlschmeckend.

Ergibt ca. 450 ml

500 g **Holunderbeeren**
450 g **Zucker**
300 ml **brauner Rum**

1. Die Holunderbeeren in einen Topf geben und so viel Wasser zugeben, dass sie gerade bedeckt sind. Alles erhitzen und etwa eine halbe Stunde köcheln lassen, dann die Beeren leicht zerdrücken.

2. Die Mischung in einen zweiten Topf absieben und pro 500 ml Flüssigkeit 450 g Zucker zufügen. Erhitzen und umrühren, bis der Zucker aufgelöst ist.

3. Den Rum zugeben, die Mischung kurz umrühren, danach vom Herd nehmen. Abkühlen lassen und in sterilisierte Flaschen füllen.

4. Zum Trinken: 3 EL in ein Glas geben und mit heißem Wasser aufgießen.

Holunderblüten
Sambucus nigra

Holunderblüten (*Sambucus nigra*),
aus Friedrich Gottlob Hayne:
*Getreue Darstellung und Beschreibung
der in der Arzneykunde Gebräuchlichen
Gewächse,* 1809

CAUDLE

Der Name dieses nahrhaften Getränks kommt vom lateinischen Wort *calidus,* »warm«. Im Mittelalter wurde es Kranken zur Kräftigung verabreicht, und bis ins 18. Jahrhundert diente es zur Stärkung für Frauen nach der Niederkunft. Auch Königin Charlotte pflegte diese Tradition: Nach der Geburt ihrer 15 Kinder, die jeden Sommer mit ihr in Kew verbrachten, lud sie Leute aus dem Volk zu Kuchen und Caudle ein.

1. Den grünen Tee in einen großen Topf gießen und bei schwacher Hitze erwärmen.
2. Die Eigelbe schaumig rühren, Weißwein und Muskatnuss zugeben und nach Belieben mit Zucker süßen.
3. Die Eier-Wein-Mischung zu dem Tee in den Topf geben. Unter ständigem Rühren erhitzen. In Porzellan-Teetassen füllen und heiß servieren.

Für 12 Portionen

1 Liter starker **grüner Tee**
4 **Eigelb**
600 ml **Weißwein**
1 geriebene **Muskatnuss**
Zucker nach Belieben

Muskatnuss (*Myristica fragrans*), »Blätter, Blüten und Früchte des Muskatnussbaumes mit Kolibri, Jamaika« (Tafel 119) von Marianne North

MRS. BEETONS KRÄFTIGE RINDERBRÜHE

Diese nahrhafte Rinderbrühe ist ideal, um in der Genesungsphase nach einer Krankheit wieder zu Kräften zu kommen. Eine selbst gemachte Brühe schlägt jede Fertigsuppe aus dem Supermarkt um Längen. Das Rindfleisch kann weiterverwendet werden, etwa für einen Eintopf oder eine Pastete.

Ergibt 600 ml

450 g **Rindfleisch**, küchenfertig

25 g **Butter**

1 **Gewürznelke**

2 **Perlzwiebeln** oder ½ **Gemüsezwiebel**, küchenfertig

1 TL **Salz**

1 Liter **Wasser**

1. Das Rindfleisch in Würfel schneiden und zusammen mit Butter, Nelke, Zwiebeln und Salz in eine Pfanne geben. Alles ein paar Minuten unter Rühren anbraten, bis der Fleischsaft austritt, dann das Wasser aufgießen. Die Mischung 30–45 Minuten köcheln lassen, von Zeit zu Zeit Schaum und Fett von der Oberfläche abschöpfen.

2. Die Flüssigkeit absieben, das Rindfleisch zur Weiterverwendung beiseitelegen, die Brühe abkühlen lassen und bis zur Verwendung kalt stellen. Die Brühe vor dem Servieren erhitzen und heiß in Suppentassen oder -teller füllen.

Gewürznelke (*Syzygium aromaticum*), aus *Curtis's Botanical Magazine*, 1827

EGGNOG

Hier ein traditionelles Familienrezept von Bob Flower-
dews, es ist ideal zur Stärkung, vor allem wenn man gerade keine feste Nahrung zu sich nehmen kann. Dieses
Getränk ist in Nordamerika sehr beliebt, wo man es an
Thanksgiving oder an Weihnachten trinkt. Rechnen Sie
einfach die Mengenangaben hoch, wenn Sie Eggnog für
mehrere Personen zubereiten wollen.

1. Eier, Brandy und Vanille mischen und anschließend durch
   ein feines Sieb streichen.
2. Den Honig zugeben und alles mit dem Schneebesen verrühren, bis der Honig aufgelöst ist. Danach die Milch zugeben und das Getränk schaumig schlagen.
3. Den Eggnog bis zur Verwendung in den Kühlschrank stellen. Zum Servieren in ein Glas füllen und mit etwas Zimt
   bzw. Muskatnuss bestreuen.

Für 1–2 Portionen

2 möglichst frische **Eier**
1 Eierbecher **Brandy**
1 TL **Bourbonvanille-Extrakt**
1 EL flüssiger **Honig**
300 ml **Vollmilch**
gemahlener **Zimt** bzw. frisch
    geriebene **Muskatnuss** zum
    Garnieren

Muskatnuss (*Myristica fragrans*), aus Robert Bentley und Henry Trimen: *Medicinal Plants*, 1880

HAFER-POSSET

Posset, ein Rezept aus dem Mittelalter, ist ein heißes Getränk aus Milch mit Wein bzw. Ale und verschiedenen Gewürzen. Im 16. Jahrhundert bereitete man es üblicherweise mit Zitronensaft und Sahne zu. Traditionell wurde es als Aufbaugetränk bei Grippe oder Erkältung verabreicht, es ist aber auch ein nahrhaftes und wärmendes Getränk für kalte Wintertage.

Das Innere einer mittelalterlichen Küche aus dem 16. Jahrhundert, Faksimile aus Johann Stoeffler: *Calendarium Romanum*, 1518

1. Milch, Haferflocken und Salz in einen kleinen Topf geben und erhitzen. Kurz vor dem Aufkochen die Mischung vom Herd nehmen und 10 Minuten ziehen lassen.

2. Die Mischung durch ein Sieb in einen zweiten Topf streichen. Zucker und Muskatnuss zufügen und alles erneut erhitzen, aber nicht aufkochen lassen. Dabei ständig umrühren, damit nichts am Topfboden anhaftet. Vom Herd nehmen, den Brandy untermischen und servieren.

Für 2 Portionen

600 ml **Milch**

2 EL **Haferflocken**

¼ TL **Salz**

2 TL **Zucker**

¼ TL frisch gerieben **Muskatnuss**

1 EL **Brandy** (oder **Whisky**)

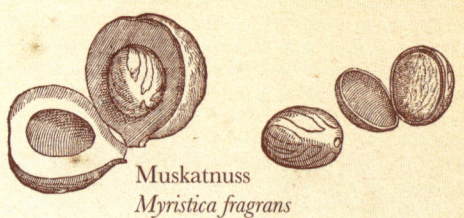

Muskatnuss
Myristica fragrans

GARTENKRÄUTER ZUM TRINKEN

von Stadtgärtnerin Sarah Heaton

Was ich an Kräutern so liebe, ist, dass sie alle Sinne ansprechen. Einen schönen Kräutergarten anzuschauen, über die weichen Blätter einer Apfelminze zu streichen und dabei ihren Duft zu riechen, oder das ploppende Geräusch von Ringelblumen zu hören, wenn ihre Samenkapseln platzen, gibt mir ein Gefühl von Nähe zur Natur. Kräuter sind auf eine zauberhafte Weise mit meinem Leben verwoben, etwa wenn ich mit Freunden Tee trinke, wenn ich Kräuter in Blumensträußchen stecke oder wenn ich sie beim Kochen verwende. Ich liebe Kräuter für ihre kräftigen Aromen, zudem sind sie nicht sehr anspruchsvoll. Sie sehen hübsch aus, die meisten schmecken großartig, und viele haben sogar eine heilende Wirkung. Außerdem sind sie leicht erhältlich und einfach anzubauen. Kew ist für Gärtner wie mich eine wundervolle Inspiration. Vor allem der Queen's Garden in der Nähe des Kew Palace ist ein guter Ort, um nach interessanten Kräutern und Heilpflanzen Ausschau zu halten.

Als ich mit Anfang 20 eine Mietwohnung in Putney bezog, brachte mich meine Mutter auf die Idee, einen kleinen »Kräutergarten« anzulegen. Wir kauften einen Terracotta-Topf und einige Pflanzen, darunter Salbei, Eisenkraut, Katzenminze, Pfefferminze und Rosmarin, und stellten den Topf auf die Veranda vor der Küche. Die Minze verwendete ich damals vor allem für Cocktails, seitdem habe ich bis heute stets Minze zur Hand, um einen Pfefferminztee zuzubereiten oder um zu den Mahlzeiten ein paar Blätter in einen Krug mit Wasser zu geben.

Minze (*Mentha* spp.) ist für mich ein absolut unentbehrliches Kraut für Tees. Es gibt so viele verschiedene Sorten, und die Pflanzen sind einfach zu kultivieren. Sie wächst sowohl in der Sonne als auch im Schatten. Die beste Allrounderin ist wahrscheinlich die Marokkanische Minze mit ihren schönen violetten Blüten, die essbar sind und in Salaten sehr hübsch aussehen.

> *»Liebe und Skandale versüßen den Tee am besten.«*
> HENRY FIELDING
> (1707-1754)

Der Queen's Garden in Kew

Grüne Minze
Mentha spicata

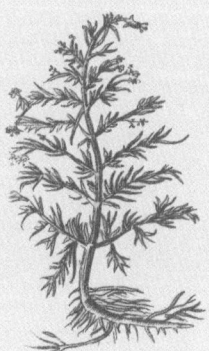

Rosmarin
Rosmarinus officinalis

Kamille
Matricaria chamomilla
Chamœmelum nobile

Auch Apfelminze macht sich sowohl im Kräutertee als auch im Garten ausgesprochen gut. Vor allem die zweifarbigen Varianten sind attraktive Garten-, Zimmer- und Balkonpflanzen. Minze hat die Tendenz, sich schnell auszubreiten, man zieht sie also besser als Topfpflanze, wenn man nicht will, dass sie bald schon überall hervorspitzt. Im Garten der Grundschule, wo ich arbeite, wächst sie in jedem Winkel. Sie ist ein Kraut, das auch Kinder gerne riechen und leicht erkennen. Sie können sie mit nach Hause nehmen und erfolgreich in ihrem eigenen Kräutertopf oder im Garten anpflanzen. Mit kochendem Wasser aufgebrühte Minzeblätter, besonders Grüne Minze und Pfefferminze, helfen bei Erkältungen, Kopfschmerzen, Durchfall, Sodbrennen, Übelkeit und Magenbeschwerden. Eine Tasse Minztee ist außerdem ein wohltuender Digestif nach einer üppigen Mahlzeit.

Rosmarin (*Rosmarinus officinalis*) gehört ebenfalls zu den Kräutern, die ich Gärtnern, Köchen und Teetrinkern wärmstens empfehlen kann. Im Gegensatz zur Minze, die zwar mehrjährig ist, aber im Winter die Blätter verliert, verträgt Rosmarin keine tiefen Temperaturen und sollte bei Kälte im Haus überwintern. Im Frühsommer bildet er hübsche blaue Blüten, und als frischer Kräutertee ist er genauso köstlich und energetisierend wie als Gewürz zum Kochen. So ist Rosmarin etwa ein traditionelles Gewürz für Lammfleischgerichte. Ein mit kochendem Wasser aufgebrühter Zweig hilft gegen Kopfschmerzen und Schlaflosigkeit.

Kamille (*Matricaria chamomila, Chamœmelum nobile*) wirkt beruhigend und verdauungsfördernd. Die Pflanze hat feine, fedrige Blätter und schöne, gänseblümchenartige weiße Blüten. Säen Sie die Samen im Frühling in einem Topf auf der Fensterbank aus. Wenn die ersten Triebe erscheinen, stellen Sie den Topf hinaus an einen sonnigen, geschützten Ort. Kamille blüht von Juni bis Oktober. Wenn die Pflanze etwa 10 cm hoch ist, verpassen Sie ihr einen Schnitt. Sie können aus den frischen Blüten und Blättern (ca. ein Teelöffel) einen Tee bereiten oder die Blüten trocknen. Für den Tee die Blüten mit heißem Wasser aufgießen und ca. fünf Minuten ziehen lassen.

Oder züchten Sie **Ingwer** (*Zingiber officinale*) aus frischen Ingwerwurzeln aus dem Supermarkt, indem Sie drei Finger einer Ingwerwurzel abbrechen und in einen mit Erde gefüllten Topf stecken. Daraus wächst eine exotische, rot blühende Pflanze. Graben Sie die Wurzel im Herbst wieder aus und kochen Sie daraus einen Tee, der belebend und verdauungsfördernd ist.

Bienenbalsam (*Monarda didyma*), auch **Indianernessel** oder **Wilde Bergamotte** genannt, hat leuchtend rosa bis rote Blüten. Die Pflanze enthält Thymol, das Erkältungsbeschwerden und Halsschmerzen lindert. Bienenbalsam wurde schon von den nordamerikanischen Ureinwohnern im »Oswego-Tee« verwendet. Nach der Boston Tea Party 1773 wurde er von patriotischen Amerikanern als Teeersatz getrunken.

Auch aus den Blüten des **Holunder** (*Sambucus nigra*), der in vielen Parks und Gärten wächst, lassen sich viele köstliche Getränke zubereiten. Neben ihrem feinen Geschmack wirkt diese Pflanze schlaffördernd und lindert Halsschmerzen.

Die Blätter der **Engelwurz** (*Angelica archangelica*), die beim Zerreiben ein schönes Lakritz- und Anisaroma freisetzen, helfen als Tee gegen Kopfschmerzen und Erschöpfung. Die Pflanze wird bis zu 1,80 m hoch und verbreitet großzügig ihre Samen. Ihren Namen verdankt sie wohl ihren engelhaften Heilqualitäten, vielleicht auch dem feinen Duft sämtlicher Pflanzenteile. Engelwurz wird traditionell als Küchenkraut bzw. kandiert als Süßigkeit verwendet und verleiht Gerichten ein feines Aroma. Die Stiele eignen sich für Salate und als Gemüse, Früchte und Samen zum Aromatisieren und Parfümieren.

Das Schönste beim Anbau von Kräutern ist ihr wunderbarer Duft. Zwischen einem Pfefferminz-Teebeutel und einem frischen Minzezweig in einer Tasse liegen Welten, was Geschmack, Duft und Farbe betrifft. Frische Kräuter bestehen mühelos jeden Vergleich. Ein eigener Gemüsegarten ist für viele vielleicht ein zu ehrgeiziges Projekt, aber ein paar Kräuter zu pflanzen, ist kinderleicht. Und gerade für Kinder sind Kräuter ein guter Einstieg in die Welt des Gärtnerns.

>Alles was grünt
aus der Erde
War unsren Vätern
Wert zur Ernte.<
RUDYARD KIPLING
(1865-1936)

Holunderblüte
Sambucus nigra

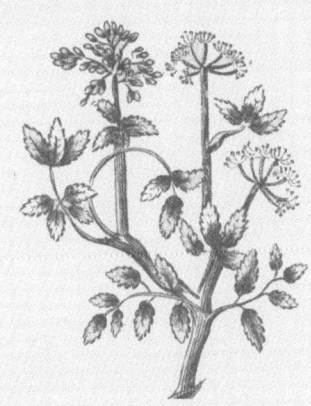

Engelwurz
Angelica archangelica

Tee (*Camellia sinensis*), aus *Köhler's Medizinal-Pflanzen*, 1883–1914

HOCHPROZENTIG UND EISIG

Balaustia.

Prunus Mijrobalanus rotundus.

Mala Armeniaca.

Aprikosen und Pflaumen (*Prunus* spp.), aus Basilius Besler: *Hortus Eystettensis*, 1613

GOLDEN MEADOWS

Das Catering-Unternehmen Ampersand kreierte diesen Drink zur Feier des 50-jährigen Bestehens von Kew's Garden in Wakehurst, West Sussex. Wir empfehlen als Tee den grünen Sencha von Taylors of Harrogate, der zu dem Teesortiment gehört, das zusammen mit Wissenschaftlern aus Kew entwickelt wurde.

Für 1 Portion

10 ml (2 TL) **Wodka**

10 ml (2 TL) **Weißer Rum**

10 ml (2 TL) **Triple Sec**

10 ml (2 TL) **Gin**

10 ml (2 TL) **Tequila**

15 ml (3 TL) **Limettensaft**

40 ml **grüner Tee**, gut gekühlt

Zum Servieren:
Eiswürfel, 1 **kandierte Zitronenscheibe**

1. Alle Zutaten in einen Cocktailshaker geben und kräftig schütteln.
2. Ein paar Eiswürfel in ein Cocktail- oder Longdrinkglas geben und die Cocktailmischung darübergießen. Mit einer kandierten Zitronenscheibe garnieren und servieren.

Tipp: Die kandierte Zitrone lässt sich leicht selbst herstellen: Dazu 50 ml grünen Tee und 50 g Zucker zu einem dickflüssigen Sirup einkochen. Den Zuckersirup etwas abkühlen lassen, dann sehr dünn geschnittene Zitronenscheiben eintauchen, auf ein Kuchengitter oder auf Backpapier legen und vollständig abkühlen lassen.

LONDON W. — Kew Gardens. — The Tea House. — LL.

WÜRZIGER APFEL-SPRITZER

Würziger Apfeltee und eine Prise Chili verleihen diesem Spritzer-Sirup eine ganz besondere Note. Gemischt mit einem prickelnden Getränk (ob alkoholisch oder nicht) ist er ein wahrer Muntermacher.

Ergibt Sirup für 22 Portionen

10 Teebeutel »**Spiced Apple**« von Taylors of Harrogate

1 l kochendes **Wasser**

100 g **Zucker**

2 **Zimtstangen**

2 **Sternanis**

¼ TL **Chiliflocken** oder **Cayennepfeffer**

200 ml **Apfelsaft**

Zum Servieren:

Schaumwein oder kohlensäurehaltiges **Mineralwasser**

Crushed Ice

1. Die Teebeutel in einen großen Krug geben und mit kochendem Wasser übergießen. Zucker, Gewürze und Apfelsaft zugeben, gut umrühren und die Mischung 2 Stunden ziehen lassen.

2. Zum Servieren 50 ml Sirup in ein Glas füllen und mit 120 ml Schaumwein aufgießen, oder für eine alkoholfreie Variante 50 ml Mineralwasser und 60 g Eis zugeben.

Apfel (*Malus*), aus Pierre-Joseph Redouté:
Choix des plus belles fleurs et des plus beaux fruits, 1833

PFEFFERMINZ-MOJITO-SPRITZER

Seit 1886 verkauft der Teehändler Taylors of Harrogate eigene Teesorten. Vor Kurzem entwickelte er zusammen mit den Royal Botanic Gardens in Kew ein neues Sortiment. Diese Hommage an den Mojito ist eine großartige Erfrischung für heiße Tage.

Ergibt Sirup für 22 Portionen

10 Teebeutel »**Peppermint leaf**« von Taylors of Harrogate

1 l kochendes **Wasser,** 150 g **Honig**

100 ml **Holunderblütensirup**

Saft und Zesten von 10 **Limetten**

Zum Servieren:

Schaumwein oder kohlensäurehaltiges **Mineralwasser**

Crushed Ice

1. Die Teebeutel in einen großen Krug geben und mit kochendem Wasser übergießen. Die restlichen Zutaten zufügen, gut umrühren und die Mischung 2–4 Stunden ziehen lassen.
2. Zum Servieren 50 ml Sirup in ein Glas füllen und mit 120 ml Schaumwein aufgießen, oder für eine alkoholfreie Variante 50 ml Mineralwasser und 60 g Eis zugeben.

Pfefferminze (*Mentha crispa*), aus Joseph Jacob Plenck: *Icones Plantarum Medicinalium,* 1788–1812

SÜSSER RHABARBER-COCKTAIL

Der säuerliche Rhabarber-Früchtetee von Taylors of Harrogate ist die Basis für diesen Cocktail.

1. Die Teebeutel in einen großen Krug geben, mit kochendem Wasser übergießen und abkühlen lassen. Die restlichen Zutaten in einem zweiten Krug mischen und den kalten Tee zugeben und gut umrühren. Den Sirup bis zur Verwendung in den Kühlschrank stellen.
2. Zum Servieren 40 ml Rhabarbersirup in ein Glas geben. Etwas Eis dazugeben, dann mit 80 ml Schaumwein oder für eine alkoholfreie Variante mit Mineralwasser aufgießen.

Ergibt Sirup für 4 Portionen

3 Teebeutel »**Sweet Rhubarb**« von Taylors of Harrogate

100 ml kochendes **Wasser**

100 ml **Zitronensaft**

50 ml **Holunderblütensirup**

2 TL **Zucker,** 50 ml **Ingwersirup**

1 TL **Honig** aus der Region

Zum Servieren:

Schaumwein oder kohlensäurehaltiges **Mineralwasser**

Crushed Ice

Rhabarber
Rheum rhaponticum

WÜRZIGER EISTEE

Mit grünem Tee wird diese erfrischende, raffiniert gewürzte Eistee-Variante nach einem Rezept von Hattie Ellis »erwachsen«. Laut Hattie wird grüner Tee oft mit zu heißem Wasser aufgebrüht und schmeckt daher bitter, anstatt seine sanften aromatischen Noten entfalten zu können. Sie empfiehlt, den Tee im Kühlschrank ziehen zu lassen. Der Tipp stammt vom Teeexperte Alex Fraser. Die Geschmacksrichtung lässt sich mit anderen Gewürzen und Zitrusfrüchten nach Lust und Laune variieren.

Für 4 Portionen

3–4 TL **Honig** nach Belieben
Saft und Zesten von 2
  Bio-Orangen
3 **Gewürznelken**
1 **Zimtstange**
2 TL **grüner Tee**
1 l **kohlensäurehaltiges** (oder
  stilles) **Mineralwasser** in
  der Flasche

1. 250 ml Mineralwasser in einen kleinen Topf geben. Honig, Orangensaft und -schale sowie Gewürze zufügen. Die Mischung kurz aufkochen lassen, dann vom Herd nehmen und über Nacht ziehen lassen.

2. Inzwischen den grünen Tee in die Mineralwasserflasche geben, die Flasche wieder verschließen und den Tee über Nacht im Kühlschrank ziehen lassen.

3. Am nächsten Tag beide Getränkemischungen abschmecken. Für einen stärkeren Geschmack können Sie die Mischungen länger ziehen lassen, allerdings nicht länger als 24 Stunden, sonst entsteht ein bitterer, tanninlastiger Geschmack.

4. Die Mischungen durch ein Sieb in einen großen Krug abgießen. Gegebenenfalls nochmals abschmecken und mit Honig nachsüßen. Den Eistee in Flaschen mit Schraubverschluss füllen und bis zum Servieren im Kühlschrank aufbewahren oder direkt aus dem Krug servieren.

Tee (*Camellia sinensis*), von einem unbekannten Künstler der Company School, spätes 18. Jahrhundert

Rosa rubioides

CORDIALS UND SIRUPS

84.

Rose (*Rosa rubeoides*), aus Henry Charles Andrews: *Roses* Bd. 2, 1828

BIRNENSIRUP

Freundlicherweise stellte uns Bob Flowerdew dieses Rezept zur Verfügung. Er empfiehlt, den Sirup wie flüssigen Honig oder Ahornsirup zu verwenden. Besonders köstlich schmeckt er über Vanilleeis oder mit Mineralwasser verdünnt in einer spritzigen Schorle. Es ist eine großartige Methode, um überreife Birnen zu verwerten, die noch genießbar, aber nicht mehr fest bzw. sogar schon weich und innen braun geworden sind. Man kann den Sirup auch einfrieren und das ganze Jahr über verwenden.

Ergibt ca. 750 ml

1 kg **Birnen**, reif, aber noch
   genießbar
etwas **Wasser** zum Kochen
1 **Zimtstange**, ein 2,5 cm
   langes Stück frische, geschälte **Ingwerwurzel**
   oder 1 **Vanilleschote** nach
   Belieben

1. Die Birnen waschen und mitsamt Schale, Kernen und Kerngehäuse in ca. 2,5 cm große Würfel schneiden.
2. So viel Wasser in einen großen Topf füllen, dass der Boden
   gerade bedeckt ist. Die Birnenstücke und, nach Wunsch, die
   Gewürze zufügen.
3. Die Birnen zugedeckt mindestens acht Stunden bei sehr
   schwacher Hitze köcheln lassen, bis ein dickflüssiger Sirup
   entsteht. Den Sirup durch ein Sieb streichen und in einen
   Krug oder eine Flasche abfüllen.
4. Der Sirup kann sofort verwendet werden, oder Sie kochen
   ihn für eine dickflüssigere Konsistenz weiter ein. Den Birnensirup im Kühlschrank aufbewahren und innerhalb einiger
   Tage verbrauchen oder einfrieren.

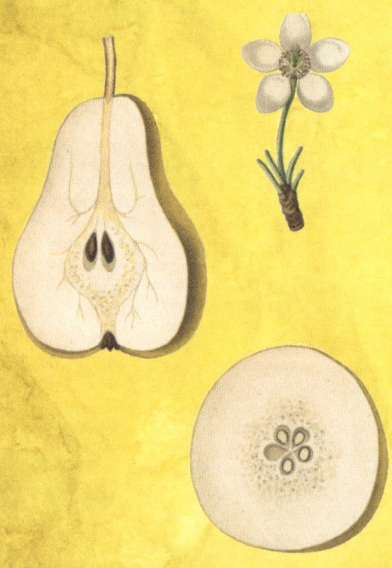

Birne (*Pyrus*), aus Giorgio Gallesio:
Pomona Italiana, 1820

INGWER-CORDIAL

Dieser herrliche Cordial kann als Grundlage für verschiedenste Cocktails verwendet werden. Gemischt mit Sodawasser oder Tonic ergibt er ein erfrischendes, kühlendes Getränk. Um das Rezept abzuwandeln, können Sie andere Gewürze ausprobieren, etwa Kardamom, Zimt, Piment oder Kümmel.

1. Den Ingwer bzw. das Gewürz Ihrer Wahl in eine große Schüssel oder einen Krug geben, dann Gin, Brandy oder Whisky zufügen. Die Mischung neun Tage lang ziehen lassen. Nach Belieben Zucker zufügen.
2. Die Mischung absieben, in Flaschen füllen und nach Belieben verwenden.

Ergibt ca. 1 l

175 g frischer **Ingwer**, geschält und gewürfelt

1 l **Gin**, **Brandy** oder **Whisky**

Zucker nach Belieben

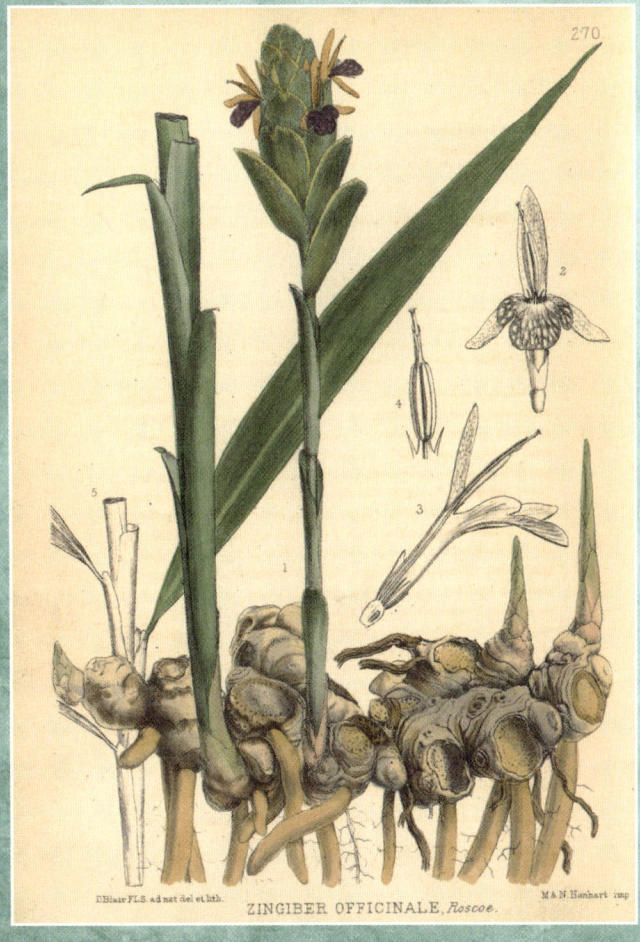

ZINGIBER OFFICINALE, *Roscoe.*

Ingwer (*Zingiber officinale*), aus *Köhler's Medizinal-Pflanzen*, 1883–1914

LIMETTEN-CORDIAL

Limetten-Cordial lässt sich für alle möglichen Rezepte wunderbar kombinieren. Für eine sommerliche Erfrischung eine kleine Menge Cordial mit Sodawasser aufgießen.

Ergibt ca. 1 l

1 l **Limettensaft**, frisch gepresst
900 g **Zucker**
75 ml **Brandy**

1. Den Limettensaft durch ein Passiertuch oder ein sehr feines Sieb streichen, um Kerne und Fruchtfleisch zu entfernen.
2. Den Saft in einen großen Krug füllen, den Zucker zufügen und gut umrühren, bis sich der Zucker aufgelöst hat.
3. Den Brandy zugeben und alles nochmals umrühren.
4. Den Cordial in eine sterilisierte Flasche füllen und bis zur Verwendung kalt stellen.

Limette (*C.* x *aurantifolia*), Stich aus
Johann Christoph Volkamer:
Nürnbergische Hesperides, 1708–1714

ZUCKERSIRUP

Zuckersirup ist ideal zum Süßen von Heiß- und auch Kaltgetränken, da er sich gut vermischt und keine Zuckerkristalle hinterlässt. Dafür einfach Zucker und Wasser zu gleichen Teilen mischen und köcheln lassen, bis sich der Zucker aufgelöst hat. Die Mischung bis zu einer sirupartigen Konsistenz einkochen. Am besten eine größere Menge zubereiten, denn der Sirup lässt sich bis zu einem Monat im Kühlschrank aufbewahren.

TRAUBENSIRUP

Dieses Rezept beruht auf einem Buch aus dem Jahr 1818 von Peter Jonas *The Distiller's Guide*. Man kann den Sirup mit kohlensäurehaltigem Mineralwasser verdünnen oder fruchtige Desserts wie Trifle damit zubereiten.

Ergibt ca. 1 l

100 g **Holunderblüten**,
   küchenfertig

850 ml **Wasser**

280 ml **Sherry**

1,3 kg **Zucker**

1. Die Holunderblüten in eine große Schüssel oder einen Topf geben. Das Wasser zum Kochen bringen und darübergießen. Die Mischung zugedeckt ca. 8 Stunden an einem warmen Ort ziehen lassen.

2. Die Flüssigkeit durch ein Passiertuch in einen großen Topf abgießen. Sherry und Zucker zufügen und alles zum »schwachen Faden« einkochen. Die richtige Konsistenz hat der Sirup erreicht, wenn Sie zur Kochprobe mit einem Teelöffel eine kleine Menge Sirup nehmen, etwas abkühlen lassen, dann den Zeigefinger kurz hineintauchen. Daumen und Zeigefinger zusammenführen und wieder auseinanderziehen. Dabei sollte ein dünner Faden entstehen.

3. Den Sirup abkühlen lassen und zum Aufbewahren in eine sterilisierte Flasche füllen.

Tab 141

VITIS VINIFERA L.
Die weintragende Weinrebe.

Trauben (*Vitis vinifera*), aus Joseph Jacob Plenck: *Icones Plantarum Medicinalium*, 1788–1812

RHABARBER-CORDIAL

Dieses Rezept von Sarah Raven gehört zu den Lieblingsrezepten ihrer Familie. Einerseits wegen der schönen Farbe des Rhabarbers — ein helles, schimmerndes Rosa —, andererseits natürlich wegen seines Geschmacks. Am liebsten trinkt Sarah den Cordial mit Mineralwasser, reichlich Eiswürfeln und ein paar Blättern frischer Minze. Auch ein Spritzer Limettensaft ist eine gelungene Ergänzung.

Ergibt 1,5 l

2 kg **Rhabarber**, in große Stücke geschnitten

1,5 l kaltes **Wasser**

2 große **Orangen**

8–10 **Sternanis** (ganze Früchte)

600–800 g **Zucker**

Zitronensäure oder Saft von 3 **Zitronen** nach Belieben

Rhabarber
Rheum rhaponticum

1. Den Rhabarber in einen großen Topf geben und Wasser zufügen; der Rhabarber sollte nicht vollständig mit Wasser bedeckt sein, sonst schmeckt der Cordial später zu dünn. Mit einem Sparschäler von jeder Orange ca. vier Zestenstreifen abschneiden und Orangen auspressen. Den Orangensaft, die Orangenschalen und den Sternanis in den Topf geben.

2. Alles zum Kochen bringen und bei schwacher Hitze köcheln lassen, bis der Rhabarber weich ist (und die Mischung die Konsistenz eines Breis hat). Den Topf vom Herd nehmen und alles eine Stunde abkühlen lassen.

3. Die Rhabarbermischung über einer Schüssel in ein mit Tuch ausgekleidetes Sieb füllen und über Nacht abtropfen lassen.

4. Den aufgefangenen Saft in einen Topf gießen und mit dem Zucker abschmecken. Dabei nicht vergessen, dass der Cordial später noch mit Wasser verdünnt wird. Unter Rühren bei schwacher Hitze köcheln lassen, bis der Zucker sich aufgelöst hat.

5. Falls Sie den Cordial einige Monate aufbewahren wollen, 2 TL Zitronensäure zugeben. Dieser Schritt ist nicht nötig, wenn Sie ihn sofort verwenden. Die Zitronensäure macht den Cordial länger haltbar und sorgt für eine leicht säuerliche Note. Wenn Sie es noch saurer mögen, den Saft von 3 Zitronen zugeben. Den Sirup abkühlen lassen, in sterilisierte Flaschen füllen und im Kühlschrank aufbewahren.

Rhabarber (*Rheum rhaponticum*), aus
Nicolas François Régnault: *La botanique
mise à la portée de tout le monde*, 1774

Le Rhapontic
Rheum Raponticum. L.S.P.
Angl. Rapontie. Allem. Rapontick.

G.ᵗᵉ de Nangis Regnault f.

HIMBEERSIRUP

Ein unglaublich köstlicher Sirup zum Verfeinern von Desserts und Obstkompott, als Grundlage für Erfrischungsgetränke oder tiefgefroren als Wassereis oder Sorbet.

Ergibt 1 l

1 Packung **tiefgekühlte Himbeeren** (ca. 1000 g), und etwa dieselbe Menge an **Zucker**

1 **Eiweiß** (für das Sorbet)

1. Die Tiefkühlbeeren mit etwas Zucker in einer Schüssel mischen und über Nacht in den Kühlschrank stellen.

2. Am nächsten Morgen die Beerenmischung etwas zerdrücken und durch ein Passiertuch oder ein mit Tuch ausgelegtes Sieb streichen, um Kerne und feste Bestandteile zu entfernen. Das geht leichter, wenn Sie die Mischung zuvor erhitzen oder etwas heißes Wasser dazugeben, aber nicht zu viel, um den Sirup nicht zu sehr zu verdünnen. 1 l Fruchtsaft abmessen.

3. Den Saft mit dem restlichen Zucker mischen und ca. 7 Minuten kochen, bis sich der Zucker aufgelöst hat und die Flüssigkeit etwas eingedickt ist.

4. Den Sirup in eine sterilisierte Flasche füllen und im Kühlschrank aufbewahren. Zum Trinken nach Belieben mit Wasser verdünnen. Für Wassereis den Sirup in ein Kunststoffgefäß geben und einfrieren, jede halbe Stunde herausnehmen und ca. eine Minute umrühren, bis das Eis gefroren ist. Für ein Sorbet ein steif geschlagenes Eiweiß unterheben.

Himbeere (*Rubus idaeus*), aus Pierre-Joseph Redouté: *Choix des plus belles fleurs et des plus beaux fruits*, 1833

VEILCHENSIRUP

Dieses Rezept stammt ebenfalls aus dem Handbuch *The Distiller's Guide* von Peter Jonas, das viele Cordial- und Aufgussrezepte enthält.

1. Das Wasser erhitzen, Veilchenblüten in einer großen Schüssel mit dem heißen Wasser übergießen und ca. 8 Stunden an einem warmen Ort ziehen lassen.

2. Das Veilchenwasser durch ein Passiertuch oder ein feines Sieb in einen großen Topf geben. Den Zucker zufügen und die Mischung zum »schwachen Faden« einkochen. Die richtige Konsistenz hat der Sirup erreicht, wenn Sie zur Kochprobe mit einem Teelöffel eine kleine Menge Sirup nehmen, etwas abkühlen lassen, dann den Zeigefinger kurz hineintauchen. Daumen und Zeigefinger zusammenführen und wieder auseinanderziehen. Dabei sollte ein dünner Faden entstehen.

3. Den Sirup abkühlen lassen und zum Aufbewahren in eine sterilisierte Flasche füllen.

Ergibt ca. 1 l

450 g frische **Veilchenblüten**

1 l **Wasser**

1,5 kg **Zucker**

Veilchen (*Viola odorata*), aus François-Pierre Chaumeton: *Flore Médicale*, Bd. 6, 1832

PERSISCHER ROSENBLÜTENSIRUP

Huma Qureshis Rezept für persischen Rosenblütensirup stammt von ihrer Urgroß-
mutter und wurde über Generationen in der Familie weitergegeben. Dieses Getränk
ist bei heißem Wetter sehr beliebt, da man Rosen eine kühlende Wirkung nachsagt.
Das Originalrezept wird aus einer — im eigenen Garten angebauten — stark duftenden
rosa-violetten Rose ähnlich der »Etoile de Hollande« zubereitet, die dem Getränk
sein feines Aroma verleiht. Für das Rezept kann aber auch jede andere Duftrosenart
verwendet werden.

Ergibt ca. 750 ml

1 Tasse duftende **Rosen-
blütenblätter** (ca. 200 g),
fest zusammengepresst
700 ml **Wasser**
600 g **Zucker**

1. Die Rosenblütenblätter in einen mittelgroßen Topf geben,
   mit Wasser bedecken und über Nacht durchziehen lassen.
2. Am nächsten Tag den Zucker zugeben und die Rosenblüten-
   mischung bei schwacher Hitze unter Rühren köcheln lassen,
   bis sich der Zucker aufgelöst hat. Danach bei starker Hitze
   zu einem dickflüssigen Sirup einkochen. Vom Herd nehmen
   und abkühlen lassen.
3. Zum Überprüfen der richtigen Konsistenz mit einem Teelöffel eine kleine Menge Sirup nehmen, etwas abkühlen
   lassen, dann den Zeigefinger kurz hineintauchen. Daumen
   und Zeigefinger zusammenführen und wieder auseinanderziehen. Dabei sollte ein dünner Faden entstehen.
4. Die Mischung durch ein Passiertuch oder ein sehr feines
   Sieb in einen Krug streichen und kalt stellen.
5. Zum Servieren den Sirup nach Belieben mit Eis und kohlensäurehaltigem Mineralwasser mischen und mit ein paar
   kleinen frischen Rosenblütenblättern garnieren.

Rose (*Rosa*), aus Henri Louis Duhamel du Monceau:
Traité des arbres et arbustes, Bd. 2, 1755

Rose (*Rosa rubiginosa*), aus Nikolaus Joseph
Freiherr von Jacquin: *Flora Austriaca*, 1773

DIE GETRÄNKE DER GEORGIANISCHEN KÖNIGE IN KEW

von Susanne Groom

Seit 100 Jahren verbringen die englischen Royals ihre Sommer in Kew, und es gibt darüber kaum mehr zu erzählen als die Geschichte eines Dieners, der betrunken auf der Straße lag, und etwas Getuschel über die seltsamen Angewohnheiten des jungen Georg IV., des künftigen Königs ... Doch wenn sich die englische Königsfamilie im 18. Jahrhundert schon nicht an anregenden alkoholischen Getränken labte, was trank sie dann?

Georg II., der 1718 mit seiner Gemahlin Königin Caroline Richmond Lodge zu seinem Landsitz machte, war ein Mann mit solch gleichförmigen Gewohnheiten, dass man die Uhr nach ihm stellen konnte, auch was Essen und Trinken betraf. Er gab sich mit recht bescheidenen Mahlzeiten zufrieden und war stets verärgert über Königin Caroline mit ihrer Leidenschaft für die Gärtnerei und ihrer Obsession für Schokolade. Es gibt zahllose Berichte über ihr Frühstücksritual, meist frisches Obst und Sahne, aber immer mit einer oder zwei Tassen heißer Schokolade, die sie zusammen mit ihren Töchtern genussvoll trank.

Das junge Königspaar Georg und Caroline bezog sein Refugium in Richmond Lodge, weil es von Georgs Vater aus dem königlichen Palast verbannt wurde. Ironischerweise verhielt er sich 1737 gegenüber seinem eigenen Sohn Friedrich, dem Prince of Wales, und seiner Gattin Augusta ebenso. Diese ließen sich mit ihrer Tochter im White House nieder, am anderen Ende der Anlage, das heute als Kew Gardens bezeichnet wird. Friedrich war ein Freund von rauschenden Festen, aber nicht von hochprozentigem Alkohol. Er begnügte sich meist mit einem einzigen Glas Wein und in Flaschen abgefülltem Wasser aus den heißen Quellen in Bristol und der Pouhon-Quelle in Spa. Bei Ausgrabungen auf dem Gelände kam eine solche Wasserflasche zum Vorschein.

A View of the Palace, of Her Royal Highness the Princess Dowager of Wales at Kew.

Friedrich, der schon im Alter von 44 Jahren starb, vererbte unter anderem auch seine nicht vorhandene Neigung zum Alkohol an seinen ältesten Sohn, den zukünftigen Georg III. Nichts war dem neuen Prince of Wales lieber als ein Glas kaltes Gerstenwasser mit Zitrone, ein Getränk, das auch die meisten Damen des Hofes tranken. Königin Charlottes Hofdame, die Schriftstellerin Fanny Burney, erinnerte sich an die Reaktion des königlichen Stallmeisters, als der König ihm sein Lieblingsgetränk anbot, worauf dieser antwortete: »Gerstenwasser! So etwas habe ich noch nie im Leben gehört! Gerstenwasser, nach einem ganzen harten Tag auf der Jagd.«

Ansicht des White House, des Palasts Ihrer Majestät Princess Dowager of Wales in Kew

Ende des 18. Jahrhunderts war das Teetrinken zum täglichen After-Dinner-Ritual geworden. Königin Charlotte ließ sich ihren Tee in feinsten Porzellan-Teetassen des Hoflieferanten Worcester servieren. Ihr Lieblingsdesign, ein blaues Lilienmuster, wurde ihr zu Ehren in »Royal Lily« umbenannt. Auch der König genoss seine Tasse Tee, oft bestanden seine gesamte Mahlzeit nur aus Tee und einem oder zwei Butterbroten, nachdem er den Tag mit Audienzen verbracht hatte.

Während seiner Zeit in Kew erkrankte der König 1788 schwer. Die Diagnose lautete Demenz, heute vermutet man eher eine Porphyrie oder eine bipolare Störung. Die Ärzte mischten ihm Brech- und Abführmittel in seine Getränke, ebenso wie »die Rinde« aus dem südamerikanischen Chinarindenbaum, die zur Behandlung von Fieber eingesetzt wurde. Man verabreichte sie oft mit einem Glas Wein, um den bitteren Chiningeschmack zu mildern. Die stark verdünnte Variante als süße Tonic-Limonade mit Gin, Eiswürfeln und einem Spritzer Zitrone war noch nicht erfunden. Während der Krankheit des Königs führte die Hausdame Mrs. Tunstall den Kaffee- und Destillierraum gemeinsam mit Betty Snoswell und ihrer Küchenhilfe und »niemandem wurde eine Tasse Tee vorenthalten, wenn er sie nötig hatte, selbst Personen, die nicht privilegiert waren«.

Die Weine, die für die Tafel von Georg III. bestellt wurden, waren Claret und »Hock«, wie man den deutschen Weißwein aus der Rheingegend nannte, und in kleinen Mengen auch Madeira. Eine Karikatur von Charles Williams zeigt Georg III., wie er mit seinem Premierminister Henry Addington, dem ersten Viscount Sidmouth, in Kew Palace am Teetisch sitzt. Auf dem Tisch steht eine Flasche Tokajer. Dieser süße, aus edelfaulen Trauben hergestellte ungarische Weißwein war zu jener Zeit das angesagteste Getränk in Europa. Katherina von Russland, Friedrich der Große und Ludwig XV. tranken ihn, weshalb er als »Wein der Könige und König der Weine« bezeichnet wurde. Es ist schwer vorstellbar, dass dieser Wein den einfachen Geschmack des Königs traf, verleiht allerdings Gillrays berühmtester Karikatur von Georg III., *Temperance enjoying a Frugal Meal* (»Die Mäßigkeit genießt ein bescheidenes Mahl«) die satirische Schärfe und eine humor-

volle Note: auf dem Krug zu seinen Füßen ist *Aqua Regis* zu lesen.
Es überrascht nicht, dass ein Ehepaar, das bei seinen eigenen
Ess- und Trinkgewohnheiten derartige Abstinenz pflegte, auch
versuchte, die Ernährung der eigenen Kinder entsprechend
zu gestalten. So bestand deren Frühstück in Kew aus Toast und
»einer Schale Milch, zwei Drittel Milch und ein Drittel leicht
gesüßter Tee«. Nach dem Abendessen gab es für die beiden
älteren Prinzen Kaffee oder »ein Glas Wein ihrer Wahl«, jedoch nur an zwei Tagen in der Woche. War es womöglich diese
rigide Diät, die dazu führte, dass der älteste Sohn, der zukünftige
Georg IV., später ein Leben der Ausschweifung und Völlerei
führte, das 1830 mit seinem Tod endete? Der Duke of Welling-
ton, der den König gegen Ende seines Lebens besuchte, drück-
te sein Erstaunen aus angesichts eines Frühstücks, das aus drei
Tauben und zwei Rindersteaks bestand, dazu »eine dreiviertel
Flasche Moselwein, ein Glas trockener Champagner, zwei Gläser Portwein und ein Glas Brandy«. Zu jener Zeit hatte sich das
Leben Königs Georg IV. schon weit von seinen Anfangszeiten in
den goldenen Sommern in Kew entfernt.

Georg III, Königin Charlotte
und ihre sechs ältesten Kinder,
Gemälde von Johann Zoffany,
Royal Collection Trust

Exemplare verschiedener japanischer Zitrusfrüchte (Aurantiaceae) Sammlung II,
Druck der japanischen Landwirtschaftsgesellschaft, Tokio,
19. Jahr der Meiji-Periode, 1886

FRISCHE SOMMER-TONICS

GRANNY'S LIMONADE

Dieses Rezept stammt aus der Familie von Jonathan Kendons Großmutter väterlicherseits. Grace Honess, geboren 1898 in Kent, war eine vollendete Köchin. Jonathans Eltern bereiteten dieses Rezept regelmäßig zu und bezogen die Tatsache, dass sie nie Erkältungen oder Grippe bekamen, auf den hohen Vitamin-C-Gehalt des Getränks. Das kochende Wasser zieht die ätherischen Öle aus der Fruchtschale. Die Vitamine bleiben erhalten, wenn man zuerst wartet, bis das Wasser etwas abgekühlt ist, bevor man den Zitronensaft hinzufügt. Mit Golden Syrup erhält die Limonade eine aromatische Süße.

Ergibt 1 l

Saft und Zesten 1 mittleren bis
   großen **Zitrone**
1 EL **Golden Syrup**, ersatzweise
   Ahornsirup oder **Honig**
2 TL **Zucker**
1 l kochendes **Wasser**
Zitronensaftkonzentrat

1. Für die Zesten die Zitrone mit einem Sparschäler sehr dünn abschälen. Möglichst nur den gelben Teil der Schale verwenden, sonst wird das Getränk zu bitter.

2. Die Zesten in einen großen, hitzebeständigen Steingutkrug geben. Golden Syrup und Zucker nach Geschmack zufügen. Mit kochendem Wasser übergießen, umrühren und abkühlen lassen.

3. Den Zitronensaft auspressen und zu der Mischung geben. Umrühren und abschmecken, falls gewünscht, ein paar Tropfen Zitronensaftkonzentrat zugeben. Die Limonade in den Kühlschrank stellen und innerhalb einiger Tage aufbrauchen.

Zitronatzitrone (*Citrus medica*), Zeichnung eines chinesischen Künstlers, wahrscheinlich frühes 19. Jahrhundert

HOLUNDER-CORDIAL

Diana Rawlinson arbeitet im Support-Team der Kew's Millennium Seed Bank in Wakehurst. In der Landschaft rund um Wakehurst stehen unzählige wundervolle Holunderbäume, und Diana genießt es, mit ihrem Hund spazieren zu gehen und dabei Holunderblüten zu pflücken. Dieses Rezept bekam sie vor fast 30 Jahren von Freunden aus New Forest, und es erfreut sich überall großer Beliebtheit.

Ergibt ca. 1,4 l
1 **Zitrone**
1 **Orange**
24 **Holunderblütendolden**
1 kg **Zucker**
50 g **Zitronen-** oder **Weinsäure**
1,75 l abgekochtes **Wasser**, abgekühlt

Holunderblüten (*Sambucus nigra*), aus Jan Kops: *Flora Batava*, Bd. 6, 1832

1. Die Zitrusfrüchte in Scheiben schneiden. Zusammen mit allen restlichen Zutaten in eine große Schüssel oder einen Topf geben und mischen. Die Holundermischung 48 Stunden durchziehen lassen, ab und zu umrühren, bis der Zucker sich aufgelöst hat.
2. Alles durch ein Passiertuch geben und dabei kräftig drücken. Die Flüssigkeit auffangen, in Flaschen füllen und bis zur Verwendung in den Kühlschrank stellen oder einfrieren.
3. Zum Servieren eine kleine Menge Holunderblüten-Cordial in ein Glas geben und nach Belieben mit Wasser verdünnen – am besten kohlensäurehaltiges Mineralwasser. Mit Schaumwein aufgegossen ist er ebenfalls ein Genuss. Oder geben Sie einen Löffel unverdünnten Cordial über Obstsalat oder in Obst-Crumbles. Man kann ihn auch statt Zitronensaft über einen Lemon Drizzle Cake träufeln.

SÜSS-SAURER MINZE-GURKEN-DRINK AUS PERSIEN

Sekanjabin ist ein sehr altes Rezept aus dem Iran. Das Getränk besteht aus einem Sirup, der verdünnt getrunken wird. Gurke sorgt für seinen frischen Geschmack. Dieses Rezept stammt von Sara Fardipour, die es besonders gerne an heißen Sommertagen trinkt.

Für 6 Portionen

Für den Sekanjabin-Sirup:

240 ml **Wasser**

225 g **Zucker**

120 ml **Weißweinessig**

ein kleines Bund frische **Minze**, gewaschen

Zum Servieren:

1,4 l **Wasser**

Eiswürfel

½ **Salatgurke**, geraspelt

1. Für den Sekanjabin-Sirup Wasser und Zucker in einen mittelgroßen Topf geben und bei schwacher Hitze erwärmen, bis sich der Zucker aufgelöst hat. Dann die Mischung 10 Minuten kochen lassen.

2. Den Essig zugeben und alles bei schwacher Hitze 20 Minuten leicht köcheln lassen, bis der Sirup leicht andickt. Regelmäßig die Konsistenz überprüfen: Wenn die Flüssigkeit dicker als Wasser ist, ist der Sirup fertig.

3. Die Mischung vom Herd nehmen, die Minze zugeben und alles auf Raumtemperatur abkühlen lassen. Danach die Minze wieder herausnehmen.

4. Zum Servieren den Sirup mit zusätzlich Wasser in einem großen Krug mischen. Abschmecken und falls nötig, mehr Wasser zugeben. Ein paar Eiswürfel und ein paar Gurkenraspel in jedes Glas geben und mit dem verdünnten Sirup übergießen.

Gurke (*Cucumis sativus*), aus Nicolas François Régnault: *La botanique mise à la portée de tout le monde*, 1774

ZITRONEN-GERSTENWASSER

Georg III. war bekannt für seine Enthaltsamkeit beim Essen und Trinken, worüber man sich in zahlreichen Karikaturen lustig machte. Sein Stallmeister zeigte sich einst schockiert, als er am Ende eines langen, harten Tags auf der Jagd nicht mehr als ein Glas Gerstenwasser mit Zitrone angeboten bekam. Es war das Lieblingsgetränk des Königs, war aber vor allem bei den Hofdamen sehr beliebt. Die Zitronen und Orangen, die zum Aromatisieren verwendet wurden, stammten im 18. Jahrhundert aus der Orangerie in Kew. In ihrem Kochbuch von 1747, *The Art of Cookery Made Plain and Easy*, empfiehlt Hannah Glasse, das Gerstenwasser lauwarm zu trinken und zwei Löffel Weißwein dazuzugeben.

1. Perlgraupen und Wasser in einen großen Topf geben, zum Kochen bringen und ca. 45 Minuten köcheln lassen. Die Mischung vom Herd nehmen und abkühlen lassen.
2. Das Gerstenwasser durch ein Sieb in eine Schüssel oder einen Krug gießen und den Zitrusfruchtsaft die Zitronenschale sowie den Zucker zufügen, gut umrühren und je nach Geschmack 5 Minuten ziehen lassen.
3. Das Gerstenwasser erneut in einen Krug absieben. Bis zur Verwendung zugedeckt im Kühlschrank aufbewahren.

Ergibt ca. 1 l

1 l **Wasser**
50–75 g **Perlgraupen**
Saft von 2 **Zitronen** oder **Orangen**
Schale von 1 **Zitrone**
4–6 EL **Zucker**

Die Orangerie in Kew, Druck von Charles Hallmandel, nach einer Zeichnung von G. E. Papendick, 19. Jahrhundert

OSMANISCHES ROSEN-SHERBET

Rosen hatten in vielen alten Kulturen große Bedeutung. Im Osmanischen Reich galt Rosen-Sherbet als Heilmittel, wurde aber auch bei Banketten als Zeichen der Gastfreundschaft serviert.

Ergibt ca. 1,5 l

1,5 l **Wasser**

15 g getrocknete **Rosenblütenblätter***

85 g **Zucker**

Saft von ½ **Zitrone**

1. Das Wasser in einen großen Topf mit Deckel geben und zum Kochen bringen.

2. Die Rosenblütenblätter zufügen und gut umrühren. Die Herdplatte ausschalten und den Deckel auf den Topf setzen. Die Mischung zugedeckt auf Raumtemperatur abkühlen lassen.

3. Danach absieben, die Flüssigkeit auffangen, Zucker und Zitronensaft zugeben und umrühren.

4. Klassischerweise wird das Rosen-Sherbet gekühlt serviert. Es kann aber auch warm als aromatischer Tee getrunken werden. Alternativ für einen herrlichen Rosen-Daiquiri im Cocktailshaker mit Eis und Rum mischen und in Gläser füllen.

* Wenn Sie getrocknete Rosenblütenblätter zum Kochen oder für Getränke verwenden, achten Sie beim Kauf darauf, dass sie ungespritzt sind. Rosenblätter für Hochzeitsdekorationen oder Potpourris sind oft mit Chemikalien behandelt und daher für den Verzehr ungeeignet. Wenn Sie Ihre Rosenblätter selbst trocknen, wählen Sie am besten dunkelrosa oder rote Rosenblüten, da sie in Getränken für eine schöne Farbe sorgen. Am einfachsten geht es, wenn Sie Duftrosen mit vielen Blütenblättern verwenden. Gut geeignete Sorten sind »Roseraie de l'Hay«, Provence-Rosen (*Rosa x centifolia*) oder Damaszener-Rosen (*Rosa x damascena*).

Moss-Provence-Rose von Georg Dionysius Ehret, aus Christoph Jakob Trew: *Hortus Nittidissimus*, 1750

ROSEN-SHERBET wird in der Türkei zu verschiedenen Anlässen serviert, als Getränk für die Gäste, die 40 Tage nach der Geburt eines Babys eingeladen werden. Man trinkt es auch bei anderen Feierlichkeiten wie Beschneidungen, Verlobungen, Hochzeiten und Totenwachen. Als es noch keine elektrische Kühlung gab, reichte man Sherbet als Erfrischung an heißen Sommertagen auf Eis. Dafür wurde Frühlingsschnee aus den Bergen geholt, in Eishäusern gelagert und dann im Sommer von Karci (Schneehändlern) verkauft.

SANGUINELLA SOUR

Dieser alkoholfreie, bunt leuchtende und erfrischende Zitrusdrink schmeckt ebenso köstlich, wenn man ihn aus einer Mischung aus normalen Orangen und Zitronen zubereitet. Für eine zusätzliche aromatische Note können Sie eine Handvoll Minzeblätter in das Serviergefäß oder den Krug geben.

1. Das Eis in einen großen Krug geben und mit dem Blutorangensaft übergießen. Limettensaft und Tonic Water zufügen und kurz umrühren.
2. Den Cocktail in hohe Gläser füllen und mit einem Schuss Angostura Orange Bitter servieren.

Ergibt 1 l

4 Handvoll **Crushed Ice**

400 ml frisch gepresster **Blutorangensaft**

Saft von 4 großen **Limetten**

600 ml **Tonic Water**

Angostura Orange Bitter

Orange (*Citrus x aurantium*), aus Antoine Poiteau: *Pomologie française*, 1846

MOLKE

Obwohl sie die Ärzte im alten Griechenland als »Heilwasser« bezeichneten, galt Molke lange Zeit nur als Nebenprodukt der Käseherstellung. Mitte des 18. Jahrhunderts gewann sie jedoch wieder an Beliebtheit und wurde zum gesundheitsförderndem Getränk in den schicken Kurbädern Europas. Im London des 18. Jahrhunderts gehörten Straßenverkäufer, die Molke und Frischkäse anboten, zum Stadtbild. Das Getränk besänftigt den Verdauungsapparat und hilft angeblich auch bei Gicht. Laut John Wesley wirkt es auch gegen Nasenbluten.

Ergibt 1 l

1 l **Milch**
1 EL **Zitronensaft**
    oder **Verjus**

1. Die Milch in einen mittelgroßen Topf geben und unter Rühren erhitzen. Nach dem Aufwallen (aber noch vor dem Aufkochen) sofort vom Herd nehmen, den Zitronensaft oder Verjus zufügen und umrühren, bis die Milch gerinnt.

2. Die Molke durch ein Käsetuch, ein Passiertuch oder ein sauberes Geschirrtuch in einen Krug oder eine Schüssel abgießen und bis zur Verwendung zugedeckt im Kühlschrank aufbewahren.

3. Man kann die Molke allerdings auch sofort trinken, wenn sie noch warm ist. Außerdem kann man sie auch fermentieren lassen und als prickelndes Getränk genießen. Den zurückbleibenden Frischkäse kann man süßen und wie Quark mit Obst der Saison servieren, oder man würzt ihn mit einer Prise Salz und je nach Geschmack mit ein paar Kräutern.

Zitronenfrucht, Stich aus Johann Christoph Volkamer: *Nürnbergische Hesperides*, 1708–1714

Für die vielen Kinder des Königspaars, die während der Sommermonate in der königlichen Residenz in Kew verköstigt werden mussten — und da es kaum Kühlmöglichkeiten gab —, war stets reichlich erfrischende, nahrhafte Molke vorhanden, die sie tranken, während sie in den Gärten spielten oder vielleicht auch ruhig auf ihren Schemeln ihrem Lehrer lauschten.

MRS. BEETONS INGWERBIER

Ingwerbier, das erstmals in Yorkshire gebraut wurde, war ab Mitte des 18. Jahrhunderts in Großbritannien sehr beliebt. Bald verbreitete es sich auch bis nach Nordamerika und in der ganzen Welt. Zu Hause bei Mrs. Beeton wurde es anscheinend sehr gerne getrunken, wenn man die Mengenangaben dieses Rezepts betrachtet. Selbstverständlich können Sie auch eine kleinere Menge herstellen.

1. Die Zitronen dünn abschälen, den Saft ausdrücken und absieben, dann Schale und Saft in einen großen Topf geben. Ingwer, Weinstein und Zucker zugeben.

2. Das kochende Wasser zugießen und alles etwas abkühlen lassen. Die Hefe in die noch warme Mischung gut einrühren. Die Mischung mit einem Tuch abdecken und über Nacht an einem warmen Ort stehen lassen.

3. Am nächsten Tag die Hefe abschöpfen, die Flüssigkeit in ein anderes Gefäß umfüllen, dabei die festen Bestandteile absieben und wegwerfen. Das Ingwerbier sofort in sterilisierte Flaschen füllen und luftdicht verschließen. Die Flaschen nicht bis ganz oben füllen, sondern oben ein wenig Luft lassen, damit die entstehende Kohlensäure entweichen kann. Das Ingwerbier vor dem Trinken drei Tage stehen lassen. Wenn Sie es weniger süß mögen, einfach die Zuckermenge entsprechend reduzieren.

Ergibt ca. 15 l

Schale und Saft von 2 **Zitronen**
40 g **Ingwer**, angedrückt
25 g **Weinstein**
1,1 kg **Zucker**
13,5 l kochendes **Wasser**
2 gehäufte EL frische **Hefe**

Zuckerherstellung in Katipo, nahe Tete, Mosambik, von Thomas Baines, 1859

OMA WHITTENHAMS CIDER

Ein herzhaftes, alkoholfreies Cider-Rezept und eine großartige Methode, um vom Baum gefallene Äpfel jeglicher Sorte zu verwerten, egal ob Tafel- oder Mostapfel.

Ergibt ca. 7 l

1,5 kg **Äpfel** (egal welcher Sorte, auch gemischt)

7 l **Wasser**

1 kg **Zucker**

Saft und Zesten von 3 **Zitronen**

1. Die Äpfel waschen, vierteln und mitsamt Schale, Kernen und Kerngehäusen in der Küchenmaschine zerkleinern.

2. Die Äpfel in einen großen Topf oder einen sauberen Eimer füllen und das Wasser zugießen. Zugedeckt an einem kühlen Ort eine Woche stehen lassen, jeden Morgen und Abend kräftig durchmischen.

3. Ende der Woche die Flüssigkeit vorsichtig (durch ein Passiertuch oder ein Geschirrtuch) abgießen, die festen Bestandteile wegwerfen. Zucker, Zitronensaft und -zesten zu der Flüssigkeit geben, gut umrühren und die Mischung 24 Stunden stehen lassen.

4. Danach erneut absieben und den Cider in saubere Plastik- oder Glasflaschen füllen und luftdicht verschließen. Die Flaschen nicht bis ganz oben hin füllen, sondern ca. 10 cm Platz lassen, damit die entstehende Kohlensäure entweichen kann. Den Cider an einem kühlen, dunklen Ort aufbewahren.

5. Der Cider kann bereits nach 2 Wochen getrunken werden, aber er schmeckt um einiges besser, wenn man ihn ein paar Monate stehen lässt. Vorsicht: das Getränk steht gehörig »unter Druck«!

Apfel (*Malus*), aus Antoine Poiteau: *Pomologie française*, 1846

HUNTES INGWERLIMONADE

Dieses Rezept stammt vom ehrenamtlichen Kew-Mitarbeiter Mike Beament, mit freundlicher Genehmigung von Anthony Hunte, dem Pflanzenexperten und Besitzer von Hunte's Gardens, die zu den »schönsten Gärten in Barbados« zählen. Die Originalmengen wurden in Tassen abgemessen, weshalb sie hier auch zusätzlich angegeben und in Liter umgerechnet werden.

Alle Zutaten in einem sehr großen Krug oder einem anderen Behältnis mischen, dann in Flaschen füllen und bis zum Servieren im Kühlschrank aufbewahren.

Ergibt ca. 3 l

700 ml **Zitronen-** oder **Limettensaft**

450 ml **Zuckerrohrsirup**

450 ml **Ingwersirup***

2 l **Wasser**

ein Spritzer **Angostura-Bitter**

Hunte's Gardens, Barbados

*Ingwersirup

1. Zucker und Wasser in einem Topf bei mittlerer Hitze erwärmen und rühren, bis sich der Zucker aufgelöst hat.

2. Den Ingwer zufügen und alles zum Kochen bringen. Die Mischung weiterkochen lassen, bis sie auf die Hälfte reduziert ist, dann vom Herd nehmen und 30 Minuten ziehen lassen. Den Sirup durch ein feines Sieb abgießen und in sterilisierte Flaschen füllen. Abkühlen lassen und bis zur Weiterverwendung im Kühlschrank aufbewahren. Den Sirup innerhalb von einem Monat aufbrauchen.

Ergibt ca. 500 ml

500 g **Zucker**

1 l **Wasser**

200 g **frischer Ingwer**, geschält und in sehr dünne Scheiben geschnitten

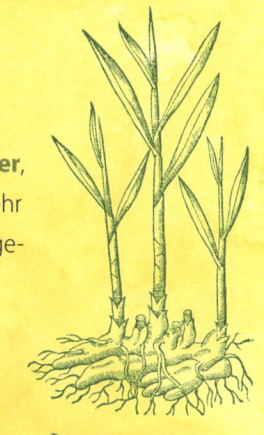

Ingwer
Zingiber officinale

Banane (*Musa*), aus John Cowell:
The curious and profitable gardener, 1730

The Flower, fruit,
& plant, of the
Bonanas.

SMOOTHIES

The Bonanas Flower in full proportion

The Fruit of the Bonanas in Proportion.

The Triangular Torch Thistle.

GRUNDREZEPT FRUCHT-SMOOTHIE

Smoothies sind eine ideale Methode, um leicht überreifes Obst zu verwerten. Sie schmecken immer wieder anders, scheuen Sie sich nicht, zu experimentieren. Nachfolgend Sarah Heatons Standardrezept und -methode.

Für 3–4 Portionen

1 **Kiwi***, geschält

1 **Banane** (je brauner die Schale, desto besser)

3 EL **Haferflocken**

1 TL **Zucker** oder **Honig**

eine Handvoll tiefgefrorene **rote Johannisbeeren**

125 ml **Apfel-** oder **Orangensaft**

100 g **Naturjoghurt**

150–300 ml **Milch**

1 **Minzezweig**

1. Alle Zutaten und die Hälfte der Milch in den Mixer geben und drei Minuten lang pürieren.

2. Nach Belieben mehr Milch zugeben, um die Mischung flüssiger zu machen, oder dickflüssig lassen und wie ein Fruchtpüree verwenden.

* Stattdessen können Sie auch Erdbeeren, Himbeeren oder anderes Obst Ihrer Wahl verwenden, das Sie gerade vorrätig haben.

UNTEN: Apfel (*Malus*), aus George Nicholson: *The illustrated dictionary of gardening*, 1888

RECHTS: Banane (*Musa paradisiaca*), von Georg Dionysius Ehret, aus Christoph Jakob Trew: *Plantae selectae*, Bd. 2, 1751

SMOOTHIE-VARIATIONEN

BANANE-BIRNE

Die eisgekühlten Birnen geben dieser Obst-
kombination einen herrlich leichten Geschmack.

Für 3–4 Portionen

2 reife **Birnen**
Saft von 1 **Zitrone**
125 ml **Orangensaft**
2 reife **Bananen**, geschält
100 g **Naturjoghurt**
1 TL gemahlener **Zimt**
Milch oder **Orangensaft**, je nach Geschmack

Birne (*Pyrus*), aus Antoine Poiteau:
Pomologie française, 1846

Die Birnen schälen und vierteln, in ein flaches Gefäß legen und für mindestens 20 Minuten ins Gefrierfach stellen. Danach alle Zutaten im Mixer glatt pürieren. Nach Belieben
Milch oder Orangensaft zugeben, um die gewünschte Konsistenz zu erreichen.

CUCUMIS SATIVUS L.
Die gemeine Gurke.

ZUCCHINI-GURKE

Großartig für den Sommer — eine
äußerst erfrischende Kombination.

Für 3 Portionen

1 **Zucchini**, gegart und abgekühlt
½ **Gurke**, geschält, entkernt und grob gewürfelt
eine Handvoll **Minzeblätter**
100 g **Naturjoghurt**
Milch, je nach Geschmack

Alle Zutaten im Mixer glatt pürieren. Nach Belieben Milch oder Orangensaft zugeben, um die
gewünschte Konsistenz zu erreichen.

Gurke (*Cucumis sativus*), aus Joseph Jacob Plenck:
Icones Plantarum Medicinalium, 1788–1812

APRIKOSE-MANDEL

Eine klassische Kombination für einen feinen Frühstücks- oder Vormittagssnack.

Für 2 Portionen

55 reife **Aprikosen** oder 5 Aprikosen aus der Dose

50 g gemahlene **Mandeln**

100 g **Naturjoghurt**

300 ml **Milch**

Eiswürfel

Alle Zutaten bis auf das Eis im Mixer glatt pürieren. In Gläser füllen, ein paar Eiswürfel zugeben und servieren.

Aprikose und Pflaume (*Prunus* spp.), aus Elizabeth Twining: *Illustrations of the Natural Orders of Plants*, 1849–1855

PFIRSICH-SAHNE

Der feine Duft erinnert an einen warmen Sommernachmittag im Garten. Dieser Smoothie ist die perfekte Abkühlung.

Für 2 Portionen

1 1 Dose **Pfirsiche**, möglichst ungezuckert

150 g **Sahne** oder **Crème double**

Eiswürfel

Alle Zutaten bis auf das Eis im Mixer glatt pürieren. In Gläser füllen, ein paar Eiswürfel zugeben und servieren.

Pfirsich (*Prunus persica*), aus Antoine Poiteau: *Pomologie française*, 1846

AVOCADO

Vollgepackt mit Vitaminen gibt die reife Avocado diesem Smoothie seine herrlich weiche Konsistenz. Zitronen- und Limettensaft sorgen für eine angenehm säuerliche Note. Probieren Sie nach Lust und Laune mal die süße, mal die herzhafte Version.

Für 2 Portionen

1 reife **Avocado**, geschält und entkernt

Saft von ½ **Zitrone**, Saft von ½ **Limette**

300 ml **Milch**

1 TL **Zucker** oder eine Prise **Salz**

Eiswürfel

Alle Zutaten bis auf das Eis im Mixer glatt pürieren. In Gläser füllen, ein paar Eiswürfel zugeben und servieren.

Avocado (*Persea americana*), aus Nikolaus Joseph Freiherr von Jacquin: *Selectarum Stirpium Americanarum Historia*, 1780-1781

BLAUBEER-SMOOTHIE

Ein hervorragender Kraft- und Vitaldrink, vor allem nach dem Sport. Dieser nahrhafte Drink ist sehr gut für den Muskelaufbau.

Für 1 Portion

25 g tiefgefrorene **Blaubeeren**

1 **Banane**, in Scheiben geschnitten

200 ml **Milch**

25 g **Eiweißpulver** (in der Geschmacksrichtung Ihrer Wahl)

Alle Zutaten im Mixer glatt pürieren. Den Smoothie in ein Glas füllen und servieren.

Blaubeere (*Vaccinium*), aus Joseph Jacob Plenck: *Icones Plantarum Medicinalium*, 1788–1812

ERDNUSSBUTTER-BANANE

Das Lieblingsrezept von Antony Berrys Freundin, die Erdnussbutter liebt, nicht nur auf Brot.

Für 1 Portion

1 **Banane**, in Scheiben geschnitten

1 Prise gemahlener **Zimt**

1 gehäufter EL **Erdnussbutter**

250 ml **Milch**

Alle Zutaten im Mixer glatt pürieren. In Gläser füllen. Den Smoothie in ein Glas füllen und servieren.

Erdnuss (*Arachis hypogaea*), aus *Köhler's Medizinal-Pflanzen*, 1883–1914

JUS ALPOKAT

Kew-Botaniker Tim Utteridge zu der Herkunft dieses Getränks auf Avocado-Basis: »Auf dem Nachtmarkt in Timor besuchte ich den Fruchtsaftstand, und dies war sein Rezept. Ich fand das Getränk damals etwas wässrig, entweder weil die Avocado zu klein war, weil sie zu viel Eis genommen haben oder die Frucht zu früh gepflückt und noch nicht reif genug war, um ihr Aroma zu entwickeln. Aber es überzeugte mich trotzdem, finden Sie Ihre eigene Mischung heraus.«

1. Alle Zutaten außer der Schokoladen-Kondensmilch im Mixer sehr glatt pürieren. Das kann eine Weile dauern.

2. Die Schokoladen-Kondensmilch in ein Servierglas geben und schwenken. Die Avocadomischung hineingießen und servieren.

* Dafür 50 g geschmolzene dunkle, ungesüßte Schokolade mit 400 ml gesüßter Kondensmilch aus der Dose mischen.

Für 1 Portion

1 kleine reife **Avocado**

2–3 EL **Kondensmilch**

2–3 EL **Zucker**

Eis, etwa die gleiche Menge wie Avocadofruchtfleisch

2 EL **Schokoladen-Kondensmilch***

Das GIS-Forschungsteam der Royal Botanic Gardens in Kew trinkt Jus Alpokat auf einer Exkursion im Harapan-Regenwald in Sumatra, Indonesien.

CIDER SELBST HERSTELLEN

von Bob Flowerdew

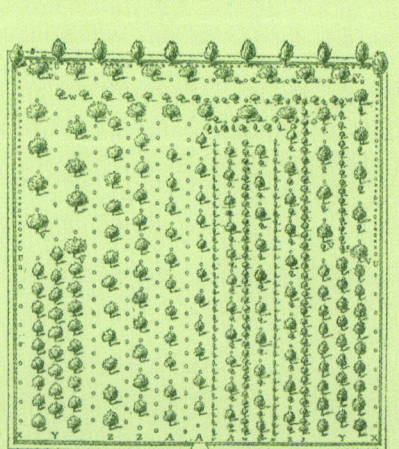

Meine Familie stellt schon seit vielen Generationen Cider her. Hier in East Anglia verwenden wir dafür keine speziellen Cider-Apfelsorten, sondern eine Mischung aus Koch- und Tafeläpfeln. Deshalb erinnern unsere Cider im Geschmack eher an Weißwein und haben mit den West-Country-Ciders oder den industriell hergestellten Sorten, den »Sui-Ciders«, wie wir sie nennen, nur wenig gemeinsam.

Die Methode ist gleich geblieben, wiewohl es heute leichter ist, in gleichbleibender Qualität zu produzieren, seit die alten hölzernen Apfelpressen durch moderne ersetzt wurden. Die alten waren riesig und man brauchte entsprechend große Mengen, viel Arbeit, vor allem, um alles sauber zu halten. Mit der modernen Edelstahl- und Kunststoffausrüstung lassen sich auch kleinere Obstmengen verarbeiten, und es lässt sich viel leichter reinigen. Heute arbeiten wir auch mit besseren, zuverlässigeren Hefen.

Heute können wir auch den Apfelsaft länger genießen. Frischer Apfelsaft ist das erste Stadium bei der Ciderherstellung, früher tranken wir diesen Nektar nur an den Tagen, an denen wir ihn pressten, da er sehr schnell zu gären beginnt. Jetzt frieren wir den besten Saft in Plastikflaschen ein und können ihn so das ganze Jahr über trinken. Er ist viel besser als jeder gekaufter Saft.

Dies benötigen Sie, um Cider selbst herzustellen:

Ausrüstung

Eimer, um die Äpfel zu sammeln und zu
waschen

1–2 **scharfe Messer**

1 große **Edelstahlwanne** oder **Eimer** für die in
Stücke geschnittenen Äpfel

2 **Edelstahl-** oder **Glasschüsseln**, um den Saft
aufzufangen

Sieb

Trichter

Apfelmühle, gekauft oder selbst gebaut. Damit werden die Äpfel zu einer »stückigen«
Maische zerkleinert. Sind die Stücke zu groß,
geben sie nicht den ganzen Saft frei. Sind
sie zu klein, wird die Maische zu matschig.
Ich habe auch schon von Leuten gehört, die
ihre gewaschenen Äpfel in stabile Plastiktüten gepackt haben und mit dem Auto darübergefahren sind!

Apfelpresse, gekauft oder selbst gebaut.
Traubenpressen mit einem Presskorb aus
Holzlatten funktionieren sehr gut mit einer
»großstückigen« Maische. Wenn sie »matschiger« ist, muss man die Presse mit einem
Nylon-Presstuch oder einem einfachen
Leinentuch auslegen. Ein großer Vorteil
von modernen Pressen ist, dass sie leichter

sauber zu halten sind und eine »Spontangärung« durch unerwünschte wilde
Hefen seltener vorkommt. Deshalb ist der
Saft länger haltbar und die Weißweinhefen
können besser arbeiten.

Gärgefäß, eventuell auch mehrere, am besten
aus Edelstahl oder Glas, mit Gäraufsatz.

Hydrometer, auch Aräometer genannt, zur
Bestimmung der Dichte bzw. des spezifischen Gewichts einer Flüssigkeit. Es ist ein
kostengünstiges Gerät, das ein wenig an den
Schwimmer einer Angelrute erinnert, mit
dem Sie den Alkoholgehalt Ihres Gebräus
bestimmen können.

Flaschen und Korken, für Cider braucht
man Flaschen mit geeignetem Verschluss,
etwa Bierflaschen mit Bügelverschluss oder
einfach Limonadenflaschen aus Plastik mit
Schraubverschluss.

Zutaten

Äpfel, ca. zwei Drittel Kochäpfel, z. B. Bramley's Seedling – aber jede andere Kochapfelsorte tut es auch – und ein Drittel Tafeläpfel, am besten mitten in der Saison geerntet, aber auch hier tun es alle anderen auch

Hefe, wie sie zur Weinherstellung verwendet wird

Schönungsmittel, z. B. **Eiweiß**, zum Klären der Flüssigkeit durch Binden der Trübstoffe

Zucker, ca. 450–900 g pro Gallone (4,5 l) für einen stärkeren, weinartigen Cider

Die Herstellung

1. Zuerst die Hefe nach Packungsanleitung vorbereiten. Dafür die Hefe mit etwas warmem Wasser und Zucker in eine Flasche geben, den Flaschenhals mit Watte verschließen.

2. Die Äpfel waschen. Wenn sie stark verschmutzt sind, etwas Spülmittel zu Hilfe nehmen, dann aber zweimal gründlich abspülen und abtropfen lassen.

3. Die Äpfel vierteln, Schale und Kerngehäuse nicht entfernen, aber braune oder wurmstichige Stellen herausschneiden. NICHTS verwenden, was Sie nicht auch essen würden.

4. Die Apfelviertel in die Apfelmühle geben, sobald eine ausreichende Konsistenz erreicht ist. Die Maische mit einer Schüssel auffangen und in die Obstpresse füllen, leicht andrücken. Sobald die Presse voll ist, den Deckel aufsetzen und mit dem Pressen beginnen.

5. Erst nur langsam Druck ausüben, bis der Saft zu fließen beginnt. Dann die Presse lockern, damit sich die Maische wieder ausdehnen kann, und dann erneut pressen, dabei den Druck leicht erhöhen. Den Vorgang wiederholen. Nicht zu hastig pressen, denn zu starker plötzlicher Druck führt dazu, dass man weniger Saft erhält, und kann die Presse beschädigen.

6. Den Saft in einem Gefäß auffangen, dann durch ein feines Sieb gießen und durch einen Trichter in das Gärgefäß oder direkt in Plastikflaschen füllen und als Saft einfrieren. Jede Portion mit dem Hydrometer messen, um zu bestimmen, wie viel Zucker Sie später zufügen müssen.

7. Die vorbereitete Hefe zu dem Apfelsaft in das Gärgefäß geben, dabei darauf achten, dass das Gefäß höchstens zu vier Fünfteln gefüllt ist, da sich die Flüssigkeit ausdehnt. Den Gäraufsatz befestigen, damit keine Fliegen und kein Staub eindringen und die entstehende Kohlensäure entweichen kann.

8. Das Gärgefäß an einem Ort stellen, an dem es etwas wärmer ist als im Herbst draußen. Ist es zu warm, leidet das Aroma, ist es zu kalt, verläuft die Fermentierung zu langsam.

9. Sobald die Gärung langsamer wird (sie dauert zwischen zwei Wochen und einem Monat), die Flüssigkeit vom Trester, den festen Rückständen am Boden des Gefäßes, trennen und in einen sauberen Behälter füllen. Dann das Gärgefäß reinigen und die Flüssigkeit wieder hineinfüllen. Zucker zufügen, um den erwünschten Alkoholgrad zu erreichen. Dabei langsam vorgehen, sonst beginnt das Ganze zu schäumen und läuft über! Mit dem Hydrometer erhalten Sie eine Gebrauchsan-

weisung, auf der empfohlen wird, wie viel Zucker nötig ist: Purer Apfelsaft hat einen Wert von ca. 1020–1040, was einen schwachen Cider ergibt. Durch das Zufügen von Zucker wird er stärker und bleibt besser haltbar. Über einem Wert von 1080–1090 wird der Cider zu stark und schmeckt nicht mehr gut. Meistens benötigt man bei Apfelsaft 450 g Zucker pro Gallone (4,5 l), damit er den Alkoholgehalt von Weißwein erreicht. Überschreiten Sie dies, droht ein böser Kater!

10. Danach den Cider weiter gären lassen, bis der Fermentierungsvorgang beendet ist, was ca. nach 1–3 Monaten der Fall ist. Wenn Sie ein Gärgefäß aus Kunststoff verwenden, klärt sich der Cider wahrscheinlich nicht, ohne dass Sie ein Schönungsmittel wie Eiweiß zugeben, um die Schwebstoffe zu binden. In Metall- oder Glasgefäßen klärt er sich meist von alleine.

11. Wenn Sie ein Schönungsmittel verwenden, müssen Sie den geklärten Cider erneut vom Bodensatz trennen, damit der Geschmack nicht beeinträchtigt wird. Den fertigen Cider entweder in einen Tank oder in Flaschen füllen.

12. Nun haben Sie einen stillen, trockenen, weißen Cider, der das ganze Jahr über trinkbar ist. Sie können daraus aber auch ein prickelndes Getränk machen, indem Sie den frisch gebrauten Cider in Flaschen abfüllen und vor dem Verschließen je einen TL Zucker zugeben. So entsteht ein Apfelschaumwein mit einer kleinen Menge Bodensatz. Vor dem Servieren den Wein in eine Karaffe dekantieren, damit der Bodensatz möglichst in der Flasche bleibt.

Apfel (*Malus*), aus Henri Louis Duhamel du Monceau: *Traité des arbres et arbustes*, Bd. 2, 1755

Hopfen (*Humulus lupulus*), aus Jacob Bigelow: *American Medical Botany*, 1820

CIDER, BIER UND WEIN

Hopfen (*Humulus lupulus*), aus Johann Sebastian Müller: *Illustratio Systematis Sexualis Linnaei*, 1804

CIDER-NEKTAR

Diese Adaption eines Rezepts aus Jerry Thomas' *Bartender's Guide* von 1862 ist ein Cider-Cocktail mit besonderem »Kick«. Er schmeckt großartig zu jeder Jahreszeit, und die fruchtigen Aromen harmonieren so gut, dass sie die Laune heben.

Für 6 Portionen

1 l **Cider**

1 l **Sodawasser** in der Flasche

50 ml **Sherry**

50 ml **Brandy**

Saft ½ und Schale ¼ **Zitrone**

Zucker und geriebene **Muskatnuss**, je nach Geschmack

Ananassaft, je nach Geschmack

1 Zweig **Eisenkraut**

Crushed Ice

1. Alle Zutaten außer Zucker, Muskatnuss und Ananassaft in einem großen Topf oder einer Schüssel mischen. Gründlich umrühren und durch ein Sieb in einen Krug gießen.

2. Zucker, Muskatnuss und, falls gewünscht, etwas Ananassaft zugeben. Zusammen mit etwas Crushed Ice in Cocktailgläser füllen, mit einem Blatt Eisenkraut garnieren und servieren.

Apfel (*Malus*), aus Antoine Poiteau:
Pomologie française, 1846

MEADER

Megan Gimber, die im Herbarium von Kew arbeitet, gab uns dieses Rezept, eine Kreuzung zwischen Met (engl. *Mead*) und Cider. Das Getränk ist nicht ganz so süß wie Met, da der gesamte Zucker fermentiert wird, eher ein halbtrockener Cider mit floralen Honig-Noten. Nehmen Sie dafür möglichst einen Honig direkt von einem Imker aus der Region, der nicht industriell verarbeitet wurde und deshalb noch Pollen enthält. Experimentieren Sie nach Lust und Laune mit dem Mischungsverhältniss (in diesem Beispiel 2:1).

1. Den Apfelsaft in einen 5-Liter-Glasballon (mit luftdichtem Verschluss) gießen. Er sollte zu zwei Dritteln gefüllt sein. Am besten ist dafür selbst gepresster frischer Apfelsaft. Verwenden Sie gemischte Äpfel und geben Sie für ein besseres Aroma auch ein paar Kochäpfel dazu.

2. Das Honigwasser zugeben. Den Glasballon luftdicht verschließen und die Mischung an einem kühlen, dunklen Ort 2 Monate fermentieren lassen.

3. Um den Bodensatz zu entfernen, die Flüssigkeit filtern und in einen sauberen Glasballon umfüllen. Danach noch weitere 6 Monate fermentieren. Den Meader entweder sofort trinken oder in Flaschen abfüllen.

Ergibt ca. 4,5 l

3 l **Apfelsaft**
1,5 l **Honigwasser***
*Für das Honigwasser: Etwa 700 g Honig mit der entsprechenden Menge Wasser verrühren, um insgesamt ca. 1,5 l Flüssigkeit zu erhalten

Apfel (*Malus*), aus Henry Graves Bull: *The Herefordshire Pomona*, 1876–1885

RHABARBER-HOLUNDERBLÜTEN- »CHAMPAGNER«

Laut Megan Gimber, die uns dieses Rezept freundlicherweise zur Verfügung stellte, variiert der Geschmack dieses »Champagners« zwischen lieblich und trocken, je nachdem, wann man die Gärung beendet. Sie können dafür auch zähen, alten Rhabarber verwenden, die Holunderblüten sollten jedoch unbedingt an einem sonnigen Morgen geerntet werden. Werden sie nach 11.00 Uhr vormittags gepflückt, sind die Blüten zu warm und riechen etwas muffig.

Ergibt ca. 4,5 l

1,4 kg **Rhabarber**, grob in
    Stücke geschnitten
1,4 kg **Zucker**
5–10 **Holunderblütendolden**
1 Päckchen **Hefe**

Holunderblüte (*Sambucus nigra*),
aus Woodville, Hooker & Spratt:
Medical Botany, 1832

1. Rhabarber und Zucker in einer großen Schüssel mischen. Zugedeckt über Nacht durchziehen lassen, damit der Zucker den gesamten Rhabarbersaft herausziehen kann.

2. Am nächsten Tag den Saft durch ein Sieb in einen Glasballon (mit luftdichtem Verschluss) gießen. Um das restliche Aroma herauszuziehen, die Rhabarberstücke zurück in die Schüssel geben, mit kochendem Wasser übergießen. Etwas abkühlen lassen, dann die Holunderblüten zufügen und alles über Nacht durchziehen lassen.

3. Das Holunderblüten-Rhabarber-Wasser absieben und ebenfalls in den Glasballon geben. Ein Päckchen Hefe zugeben und, falls nötig, etwas mehr Wasser, damit der Glasballon bis zum Hals gefüllt ist.

4. Den Glasballon luftdicht verschließen und die Mischung 1 Monat gären lassen. Danach die Flüssigkeit in sterilisierte Champagnerflaschen abfüllen (dabei darauf achten, dass der Bodensatz im Glasballon bleibt). Die Flaschen mit Plastikkorken und Draht verschließen. Der »Champagner« ist nach 4 Monaten bereit zum Trinken und lässt sich etwa ein Jahr lang aufbewahren. Dieses prickelnde, fruchtig-blumige Getränk mit seinem wundervoll sommerlichen Holunderblütenaroma serviert man am besten eisgekühlt.

ROTE-BETE-WEIN

In den letzten Jahren ist die Rote Bete Gott sei Dank aus der Versenkung aufgetaucht. Dieser Wein basiert auf einem alten Rezept aus dem 18. Jahrhundert. Man braucht dafür etwas Geduld, denn es dauert mindestens sechs Monate, bis man ihn trinken kann. Es ist jedoch eine gute Verwertungsmethode für Rote Bete, die anschließend auf verschiedenste Weise weiterverwendet werden kann.

1. Die Rote Bete gründlich waschen und ungeschält in Scheiben schneiden.

2. Rote Bete und Wasser in einen großen Topf geben und zum Kochen bringen. 30–40 Minuten köcheln lassen, bis die Rote Bete weich gegart ist (für die Garprobe mit einem Messer einstechen).

3. Die Flüssigkeit in eine ausreichend große Schüssel absieben. Die Rote Bete beiseitelegen und beispielsweise für einen Salat verwenden. Das Kochwasser zurück in den Topf geben und Zucker, Gewürznelken und Orangen zufügen. Die Mischung bei schwacher Hitze unter häufigem Rühren 15 Minuten köcheln lassen, bis sich der Zucker aufgelöst hat.

4. Die Flüssigkeit erneut durch ein Sieb in die Schüssel gießen und auf ca. 20° C abkühlen lassen. Die Hefe unterrühren. Die Schüssel mit einem sauberen Tuch abdecken und die Mischung drei Tage stehen lassen, aber jeden Tag umrühren.

5. Nach drei Tagen die Flüssigkeit in einen 5-Liter-Glasballon geben. Er sollte bis zum Hals gefüllt sein. Den Glasballon luftdicht verschließen und die Mischung fermentieren lassen. Wenn sich ein Bodensatz (aus Trübstoffen) angesammelt hat, den Wein in einen sauberen Glasballon siphonieren.*

6. Sobald die Fermentierung abgeschlossen ist, den Wein in Flaschen abfüllen und vor dem Trinken mindestens 6 Monate lagern.

*Diesen Vorgang bezeichnet man auch als »Abstich«.

Ergibt ca. 4,5 l

1,4 kg rohe **Rote Bete**

6–8 l **Wasser**

1,4 kg **Zucker**

6 **Gewürznelken**

3 **Orangen**, in Scheiben geschnitten

15 g **Hefe**

Rote Bete (*Beta vulgaris*), aus Pietro Andrea Mattioli: *Kommentare in sechs Bänden zu De Materia Medica des Arztes Dioskorides von Anazarba*, 1559-1660

MRS. BEETON'S GOOSEBERRY WINE

Dieses Rezept ist ideal, um im Juni und Juli eine überreiche Ernte an Stachelbeeren zu verwerten. Es dauert ein komplettes Jahr, bis dieser Wein zubereitet und gereift ist. Laut Mrs. Beeton hängt seine »Lebhaftigkeit eher von der Abfüllung ab als von der Reife der Beeren, denn Schaumwein kann sowohl aus reifen als auch aus unreifen Früchten hergestellt werden. Die Beeren sollten geerntet werden, wenn sie annähernd ausgereift sind.«

Ergibt ca. 4,5 l

4,5 l warmes **Wasser**

3 kg **Stachelbeeren**

1,5 kg **Zucker**

Brandy, zum Ausschwenken

Hausenblase, zum Klären
(nach Wunsch)

1. Die Stachelbeeren verlesen und die Stielansätze entfernen, alle verdorbenen Beeren wegwerfen. Die Stachelbeeren in eine große Schüssel oder einen Topf geben und leicht andrücken.

2. Das warme Wasser zugießen und die Stachelbeeren mit den Händen zerdrücken, um das Fruchtfleisch von Schalen und Kernen abzulösen. Die Schüssel oder den Topf mit einem sauberen Tuch abdecken und 24 Stunden stehen lassen.

3. Die Beeren über einem Topf durch ein grobes Tuch drücken (beispielsweise ein Geschirrtuch), dabei möglichst viel Flüssigkeit herausdrücken. Den Zucker zugeben und gut umrühren, bis der Zucker sich aufgelöst hat. Die Mischung an einem warmen Ort zugedeckt 1–2 Tage fermentieren lassen.

4. Die Flüssigkeit dann in ein sauberes Gärgefäß abgießen (ein Glasballon ist ideal), das Gefäß schräg stellen, damit der Schaum an der Oberfläche leichter abgeschöpft werden kann. Wenn die aktive Fermentierung beendet ist, das Gefäß wieder senkrecht stellen.

5. Das Gärgefäß lose mit einem Stopfen oder Käraufsatz verschließen und noch einige weitere Tage stehen lassen, bis die Fermentierung ganz beendet ist. Dies ist der Fall, wenn beim Öffnen keine zischenden Geräusche mehr zu hören sind. Dann das Gefäß luftdicht verschließen.

6. Den Wein 4–5 Monate ruhen lassen (Mrs. Beeton spricht davon, dass das nächste Stadium im November oder Dezember erreicht ist). Danach den Wein in ein sauberes, mit

Brandy ausgeschwenktes Gärgefäß siphonieren (um den Bodensatz zu entfernen).

7. Einen Monat später ist der Wein zum Abfüllen in Flaschen bereit. Wenn er nicht klar genug ist, den Wein mit einer Schönung klären. Dafür eine kleine Menge Hausenblase (nach Packungsanweisung) zugeben und den Wein weitere 2–3 Monate stehen lassen.

8. Den fertigen Wein in Flaschen abfüllen. Alte Champagnerflaschen eignen sich gut, aber der Korken muss mit Draht befestigt werden. Die Flaschen vor dem Öffnen ein paar Monate an einem kühlen, dunklen Ort lagern. Den Stachelbeerwein eisgekühlt servieren.

Stachelbeere (*Ribes uva–crispa*), aus George Brookshaw: *Pomona Britannica*, 1812

BRENNNESSELBIER

Im 18. Jahrhundert wurde das Bier für den königlichen Haushalt und die Arbeiter auf dem Landgut in Kew in einem kleinen Brauhaus in der Nähe der Küche gebraut, in der die Speisen für das »White House«, die königliche Residenz, zubereitet wurden. Bier war ein Alltagsgetränk und hatte somit gewiss einen recht niedrigen Alkoholgehalt – wobei dieser variieren konnte, je nachdem, wie viel Zucker man beim Fermentieren verwendete. Einmal beklagte sich Königin Charlotte, ihr Kutscher sei zu betrunken, um seine Arbeit zu erledigen, doch handelte es sich dabei wohl eher um einen Einzelfall. Alle, die nicht über ein eigenes Brauhaus verfügen, können diese einfachere, sommerliche Bierversion ausprobieren.

Ergibt ca. 4,5 l

4,5 l **Wasser**

1 kg junge **Brennnesselspitzen**, frisch gepflückt

Schale und Saft von 2 **Zitronen**

600 g **Demerara-Rohrzucker**

25 g **Weinstein**

1 TL **Trockenhefe**

Das »White House« in Kew, aus der Sammlung der Leslie Paton Collection, Orleans House Gallery

1. Wasser, Brennnesseln und Zitronenschale in einen großen Topf geben. Alles zum Kochen bringen und 20 Minuten köcheln lassen.

2. Zucker und Weinstein in eine große Schüssel oder einen großen Krug geben und die noch heiße Brennessel-Mischung durch ein Sieb zugießen. Gut umrühren und etwas abkühlen lassen.

3. Wenn die Flüssigkeit auf Körpertemperatur abgekühlt ist, Zitronensaft und Hefe untermischen. Die Mischung zugedeckt drei Tage an einem warmen Ort fermentieren lassen, danach noch weitere zwei Tage an einem kühleren Raum.

4. Nach zwei Tagen können Sie das Bier in (zuvor sterilisierte) Flaschen füllen. Da es womöglich noch weiterfermentiert, die Flaschen nur locker verschließen. Nach einer Woche kann das Bier getrunken werden.

EINE »GINSTITUTION«:

EIN KURZER ABRISS DER GESCHICHTE DES GINS IN ENGLAND von Sophie Missing

Gin ist so durch und durch »British« wie eine gute Tasse Tee, und der London Dry Gin ist ein ebensolches Symbol für die englische Hauptstadt wie die berühmten Doppeldeckerbusse, Big Ben oder die Beefeaters. Für Gin gibt es im englischen Cockney-Slang nicht nur ein Wort, sondern fünf. Viele kennen sicher die Bezeichnung »Mother's ruin«, aber wenn Sie etwas origineller sein wollen, bestellen Sie an der Bar doch einmal einen »Needle and Pin«, einen »Nose and Chin«, »Vera Lynn« oder »Anne Boleyn« und schauen Sie, was passiert.

Diese Assoziationen waren jedoch nicht immer nur positiv besetzt. Viele Jahre lang waren die Worte »Gin« und »Armut« geradezu austauschbar. Der Historiker Thomas Carlyle beschrieb ihn 1839 als »flüssigen Wahnsinn, verkauft für zehn Pence das Viertel«. Erst in den 1920er- und 30er-Jahren, als die Cocktails in Mode kamen, besserte sich sein Ruf und er wurde zu einem Getränk der Londoner Boheme, die ihn als Getränk auch für die oberen Gesellschaftsschichten akzeptabel machte. Heute genießt man seinen »G&T«, dank einer neuen Gin-Welle, wieder zu Hause, auf dem gepflegten Rasen im Garten, in der Kneipe um die Ecke oder, garniert mit einer Olive, als frostigen Martini im Savoy.

Doch wie so viele Dinge, die so stark mit einem bestimmten Ort verbunden werden, ist Gin gar nicht wirklich britisch, wenn man in der Zeit weit genug zurückgeht. Der Ursprung des Getränks liegt im Dunkeln, doch wir wissen, dass sich sein Name von *Genièvre*, dem französischen Wort für Wacholder ableitet, woraus die Holländer »Genever« brannten – einen Wacholderbranntwein, geschmacklich abgerundet mit verschiedenen Gewürzen. Das Gebräu wurde anfangs in der Apotheke als Heilmittel gegen Gicht und andere Leiden verkauft.

> »Wenn man Sie fragt, was Sie trinken möchten, sagen Sie einfach, ‚Gin, bitte.'«
> KINGSLEY AMIS, *Everyday Drinking*

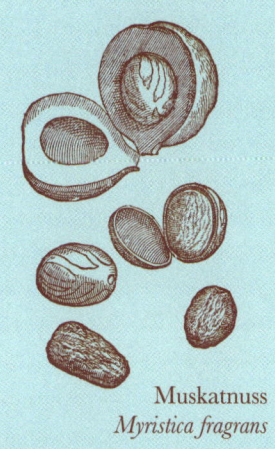

Wacholder
Juniperus communis

Muskatnuss
Myristica fragrans

Zitrone
Citrus x *limon*

Sternanis
Illicium verum

Orange
Citrus x *aurantium*

Es mag daher kaum überraschen, dass sich diese krude Medizin bald großer Beliebtheit erfreute, vor allem bei den britischen Truppen, die während des Dreißigjährigen Kriegs in den Niederlanden auf den Geschmack kamen. Doch erst als der Holländer Wilhelm von Oranien – Wilhelm III. – 1689 zum König von England gekrönt wurde, brach die große Zeit des Gins an.

Die Gin-Destillation wurde während seiner Regentschaft aktiv gefördert: Per Gesetz war es nun jedem erlaubt, Schnaps aus Getreide zu brennen. Aufgrund des günstigen Getreidepreises ließ sich nun billiger Gin (meist von entsprechend schlechter Qualität) herstellen – mit desaströsen Folgen. Wir halten heutzutage das »Komasaufen« vielleicht für ein modernes Phänomen, doch im England des 17. Jahrhunderts war es bereits gang und gäbe. Man betrank sich mit selbst gebranntem Fusel, dem sogenannten Rotgut-Gin (eine frühe Version des »Bathtub«-Gin, der während der Prohibition in den Vereinigten Staaten zu ähnlicher Berühmtheit gelangte). Mit dem Gin Act von 1729 – und sieben folgenden Gesetzen – versuchte die Regierung, die Situation wieder unter Kontrolle zu bringen, indem die Branntweinsteuer erhöht und das Schnapsbrennen nur noch mit Lizenz erlaubt wurde. Mit mäßigem Erfolg, da dies vor allem den Schwarzmarkt förderte. Der »Gin Craze« weitete sich zur Epidemie aus. 1751 gab es in London sage und schreibe 17.000 private »Gin Shops« (bei einer Bevölkerungszahl von 600.000 Einwohnern). Dem außer Rand und Band geratenem Ginkonsum wurde die Hauptschuld an der steigenden Kriminalität und dem Sittenverfall zugeschrieben, außerdem an Krankheit und Tod – angesichts einer deutlich erhöhten Sterblichkeitsrate.

Während die Gin Shops der Georgianischen Zeit noch eher schlichte Trinkstätten waren, in denen man sich ohne viel Glamour dem Genuss von Alkoholischem hingab, so änderte sich das mit dem Aufkommen der »Gin-Paläste« Ende der 1820er-Jahre. Charles Dickens lieferte 1836 eine ausführliche Beschreibung dieser Etablissements und betonte darin den Kontrast zwischen den luxuriösen, opulenten Lokalitäten und den »sinnlos betrunkenen Männern und den jämmerlichen, heruntergekommenen, unseligen Frauen«, die sie bevölkerten.

Dickens war zwar ein glühender Verfechter von Sozialreformen, jedoch von einem »Tee-Totalitarismus« weit entfernt, zumal er selbst recht gerne seinen Gin-Punsch genoss. Die Gewohnheiten einer dem Gin verfallenen Nation zu verändern, war ein langwieriger Prozess. Doch nachdem ein Parlamentskomitee eingesetzt wurde, das sich mit den Ursachen der Volkstrunkenheit beschäftigte, und nach einigen gesellschaftspolitischen Reformen der Viktorianischen Zeit nahm die Anziehungskraft der Gin-Paläste zusehends ab. Ihre Nachfolge trat eine andere sehr britische Institution an – das Pub.

In den folgenden Jahren kamen der feine London Dry Gin mit botanischen Zusätzen und verschiedene Drinks auf Ginbasis in Mode. Interessanterweise haben gerade solche Getränke am längsten überdauert, die einen medizinischen Hintergrund haben. Womit wir wieder beim Gin und seinen Ursprüngen wären: So das chininhaltige »Malaria-Mittel« Gin Tonic, hergestellt aus Chinarinde, die aus importierten Samen auch in den Königlichen Botanischen Gärten in Kew gezüchtet wurde, über Pink Gin, einer Mischung aus Gin und Bitter, die wahrscheinlich gegen Seekrankheit verabreicht wurde, bis hin zum Gimlet, der als Skorbut-Vorbeugung unter Seeleuten sehr geschätzt war. Von Raymond Chandler ist diesbezüglich der Ausspruch überliefert: »Ein echter Gimlet ist halb Gin und halb Rose's Limettensaft, und sonst nichts.«

Muskatnuss
Myristica fragrans

Chinarinde (*Cinchona officinalis*),
aus Joseph Jacob Plenck:
Icones Plantarum Medicinalium, 1788–1812

Coniferae.

WMüller n.d.Nat.

Wacholder (*Juniperus communis*), aus *Köhler's Medizinal-Pflanzen*, Bd. 1, 1887

BOTANISCHE COCKTAILS

Holunder (*Sambucus nigra*), aus *Köhler's Medizinal-Pflanzen*, 1883–1914

SPICED TONIC

Der Schlehen-Gin von Sipsmith mit seinen warmen, pflaumigen Marzipannoten gibt dieser Variation des klassischen Gin Tonic von Sipsmith ein besonderes Aroma, verstärkt durch die würzige Note des Sternanis.

Für 1 Portion

Eiswürfel

25 ml Sipsmith **London Dry Gin**

25 ml Sipsmith **Sloe Gin**

25 ml klassisches **Tonic Water** oder **Lemon Tonic Water**

1 **Sternanisfrucht**

Ein Longdrinkglas mit Eis füllen. Die beiden Ginsorten (sie kühlen sofort ab, während sie über das Eis fließen) und danach das Tonic Water ins Glas gießen. Mit einer Sternanisfrucht garniert servieren.

Sternanis (*Illicium verum*), aus François-Pierre Chaumeton: *Flore Médicale*, 1832

BERRY SPICE

Dieser Drink aus dem Londoner Restaurant Peyton & Byrne wird Sie direkt in die Karibik versetzen. Die luxuriöse Mischung aus Spiced Rum und säuerlichen Früchten schmeckt vor allem an heißen Sommerabenden großartig.

Für 1 Portion

Eiswürfel

35 ml **Spiced Rum**

100 ml frischer **Cranberry-Saft**

50 ml **Ginger Ale**

1 Spritzer **Limettensaft**

1 **Limettenachtel**

Das Eis in ein hohes Cocktailglas geben. Alle Zutaten außer der Limettenfrucht zugeben. Umrühren, mit der Limettenspalte garnieren und sofort servieren.

Cranberry (*Vaccinium oxycoccos*), aus Georg Christian Oeder et al: *Flora Danica*, 1761-1883

LIMONCELLO-FIZZ

Zitronengras und Zitronenschale für eine leichte Zitrusnote kann man vor dem Zugeben von Eis und Tonic Water herausnehmen. Lässt man sie jedoch im Glas, verstärkt sich das Aroma, was vor allem an sehr heißen Sommertagen herrlich erfrischend ist. Sie können jede Art von Zitronen verwenden, aber italienische Sorten wie »Amalfi« sind besonders intensiv und normalerweise ungewachst. Gekühlter Limoncello eignet sich auch hervorragend zur Verfeinerung von Desserts oder eines Lemon Drizzle Cake sowie eines Apfel- oder Rhabarberkompotts.

1. Das Zitronengras und die Zitronenzesten in ein hohes Cocktailglas geben und mit einem hölzernen Stößel leicht andrücken.
2. Das Glas zu drei Viertel mit Eis füllen, dann Limoncello und am Schluss das Tonic Water daraufgießen. Mit einem Strohhalm servieren.

Für 1 Portion

ein 2,5 cm langes Stück **Zitronengras**
ein Zestenstreifen einer **Amalfi-Zitrone**
Eiswürfel
25 ml **Limoncello**
200 ml **Tonic Water**

Zitrone (*Citrus x limon*), aus Antoine Poiteau: *Pomologie française*, 1846

SCHLAFMOHN-COCKTAIL WIE DAMALS

Schon seit Urzeiten wissen die Menschen von der euphorisierenden und schmerzstillenden Wirkung von Schlafmohn. Aus seinem Saft wird Opium gewonnen, die Grundlage für Morphin, Codein und Heroin. Mohn wird im Nahen und Mittleren Osten schon seit 3.400 v. Chr. angebaut, und noch heute ist Afghanistan der weltweite größte Opiumlieferant. Wenn Sie ein paar Löffel Mohnsamen essen, führt dies bei einem Drogentest definitiv zu einem positiven Ergebnis. Wir haben Sie gewarnt.

Für 1 Portion

30 ml **Bourbon**

15 ml **Mohn-Infusion***

40 ml **Grapefruitsaft**

20 ml **Tamarinden-Zucker-sirup****, 1 TL **Zitronensaft**

1 Spritzer **Angostura-Bitter**

Eiswürfel

Zum Servieren:

1 **Zitronenscheibe**

Mohnsamen

1. Alle Zutaten zusammen mit einer Handvoll Eis in einen Cocktailshaker geben und zehn Sekunden kräftig schütteln.

2. Den Rand eines Cocktailglases mit einer Zitronenscheibe einreiben und den Glasrand in einen Teller mit Mohnsamen tauchen. Einige Eiswürfel in das Glas geben und den Cocktail darübergießen. Sofort servieren.

* Für die Mohn-Infusion: 500 ml Bulleit Bourbon Whiskey mit 100 g gerösteten weißen Mohnsamen mischen und einige Tage ziehen lassen.

** Für den Tamarinden-Zuckersirup: 2,5 l Wasser und 1,5 kg Zucker in einen großen Topf geben und unter ständigem Rühren erhitzen, bis sich der Zucker aufgelöst hat. Abkühlen lassen und 120 g Tamarindenpaste zugeben. Den Sirup bis zur Verwendung in einem verschließbaren Gefäß im Kühlschrank aufbewahren.

Zitrone
Citrus x *limon*

Mohnblumen (*Papaver bracteatum*), von einem unbekannten indischen Künstler, Company School, vermutlich spätes 18. Jahrhundert

Papaver
bracteatum

DREI-FRUCHT-MARY

Inspiriert von Star-Barkeeper Scott Beatties Bloody Mary, kombiniert diese elegante Variante drei Tomatensorten mit dem würzigen Aroma von No. 3 London Dry Gin. Die Kirschtomaten sorgen mit ihren verschiedenen Aromen und Farben für einen optisch wie geschmacklich überwältigenden Drink. Trinken Sie ihn genüsslich und träumen Sie von einem entspannten Tag im sommerlichen Garten.

Für 1 Portion

15 kleine **grüne Basilikumblätter**

15 **violette Basilikumblätter**

50 ml **No. 3 London Dry Gin**

50 ml **Isle-of-Wight-Tomatenwasser***

3 **rote Kirschtomaten**, halbiert

3 **orange Kirschtomaten**, halbiert

3 **gelbe Kirschtomaten**, halbiert

15 ml **Zitronensaft**

¾ TL **Tomaten-Essig**

¼ TL **Meersalz**

⅓ TL frisch gemahlener **schwarzer Pfeffer**

Zum Servieren:
½ **Zitrone**
rotes Meersalz
Eiswürfel

1. Den halben Rand eines Cocktailglases mit der Zitrone einreiben und den Glasrand in einen Teller mit rotem Salz tauchen.

2. Die Basilikumblätter leicht andrücken und in ein großes Glas oder einen Krug geben. Gin, Tomatenwasser, Kirschtomaten, Zitronensaft, Essig, Salz und Pfeffer zufügen und gut umrühren.

3. Das Glas oder den Krug mit Eiswürfeln auffüllen, erneut umrühren und den Cocktail in das Cocktailglas gießen.

4. Mit halbierten Tomaten und einigen grünen und violetten Basilikumblättern garniert servieren.

* Für das Isle-of-Wight-Tomatenwasser: 225 g Isle-of-Wight-Tomaten mit 25 g Salz im Mixer glatt pürieren, dann in ein mehrlagiges Passiertuch geben und ca. 12 Stunden in eine Schüssel abtropfen lassen und das klare Wasser auffangen.

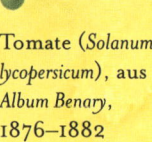

Tomate (*Solanum lycopersicum*), aus *Album Benary*, 1876–1882

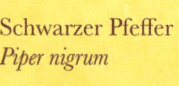

Schwarzer Pfeffer
Piper nigrum

DER ROSENGARTEN

Für jeden, der das Glück hat, Rosen in seinem Garten zu haben, ist dieser einfache Cocktail der ideale Drink, um am frühen Abend im Schein der untergehenden Sonne im Garten zu sitzen und den Rosenduft zu genießen. Er ist inspiriert vom Rosengarten in Wakehurst, der sich im »Walled Garden«, im eingemauerten Garten, befindet.

Die Flüssigkeiten in ein gut gekühltes Martiniglas füllen und umrühren. Mit ein oder zwei Rosenwasser-Crackern garnieren und servieren.

Die historischen Stiche in Johann Christoph Volkamers Buch *Nürnbergische Hesperides*, 1708–1714, zeigen perspektivische Ansichten von Gärten und Orten, an denen er Zitrusfrüchte und Granatäpfel sammelte.

Für 1 Portion

50 ml **Grey Goose Wodka**
   oder ein anderer Premium-
   Wodka, eisgekühlt

25 ml **Rosenwasser**

Rosenwasser-Cracker

Des Herren von Lempen Hauß-Garten.

MINT JULEP

Der Mint Julep kommt aus den US-amerikanischen Südstaaten. Er wird traditionell auf dem Kentucky Derby serviert. Sie müssen aber nicht so weit reisen, um ihn zu genießen.

Für 1 Portion

3–4 **Minzezweige**

1 EL **Zucker**

2 ½ EL **Wasser**

180 ml **Bourbon**, **Rye Whiskey** oder **Cognac**

Crushed Ice

Orangenscheiben oder **Beeren** Ihrer Wahl

ein Spritzer **Jamaika-Rum**

Zucker zum Garnieren

1. Minze, Wasser und Zucker in ein großes Glas geben und die Minzeblätter dabei kräftig andrücken.
2. Bourbon, Rye Whiskey oder Cognac sowie etwas Crushed Ice zufügen.
3. Die Minzezweige herausnehmen, umdrehen und wie ein Sträußchen wieder in das Glas stellen. Nach Belieben Orangenscheiben oder Beeren und einen Schuss Jamaika-Rum zugeben. Mit etwas Zucker bestreuen und servieren.

Orange
Citrus aurantium

Zuckerrohr (*Saccharum officinarum*), aus *Köhler's Medizinal-Pflanzen*, 1883–1914

20 BELOW

Eines der Projekte des Kew-Teams von der Millennium Seed Bank in Wakehurst ist das UKNTSP (UK National Tree Seed Project) zum Erhalt des nationalen Baumbestands, in Partnerschaft mit der staatlichen Forstbehörde. Damit wir auch in Zukunft Wacholder für unseren Gin Tonic haben, werden seine Samen im gesamten Vereinigten Königreich gesammelt und bei minus 20° C gelagert. Genießen Sie diese Hommage an den Wacholder.

Für 1 Portion

40 ml **weißer Rum** oder **Gin**

25 ml **Wacholdersirup***

15 ml **Zitronensaft**

25 ml **Ananassaft**

Zum Servieren:

Eiswürfel

Wacholderbeeren und

   Rosmarinzweige

1. Alle Zutaten in einen Cocktailshaker geben und kräftig schütteln.
2. Einige Eiswürfel in ein Weinglas geben und die Cocktailmischung darübergießen. Nach Belieben mit einigen Wacholderbeeren und einem Rosmarinzweig garnieren und servieren.

* Für den Wacholdersirup 25 g Wacholderbeeren im Mörser zerstoßen. Die Beeren zusammen mit 600 ml Wasser und 120 g Zucker in einen Topf geben und drei Stunden leicht köcheln lassen, bis die Flüssigkeit zu einem flüssigen Sirup reduziert ist. Den Sirup abkühlen lassen und über Nacht in den Kühlschrank stellen. Danach zwei Mal absieben und weiterverwenden.

Wacholder (*Juniperus communis*), aus *Köhler's Medizinal-Pflanzen*, 1883-1914

Das UKNTSP konserviert Samen von 50 Baumarten, die in der englischen Landschaft häufig vorkommen und die aufgrund ihrer Bedeutung für den heimischen Bestand ausgewählt wurden. Der Gemeine Wacholder, eine einheimische Art, gehört zu diesen Arten. Er ist gefährdet durch den Schädling *Phytophthora austrocedrae*, der bereits zu beträchtlichem Schwund geführt hat. 2013 wurden die Samen von 24 Wacholderpopulationen in Schottland sowie in Nord- und Südengland gesammelt, 2014 folgten weitere 37 Wacholderpopulationen, darunter Samen aus Wales. Die Wacholdersamen werden in der Millennium Seed Bank bei minus 20°C gelagert.

PARADISE MARTINI

Die Inspiration zu diesem Getränk, das die Cocktailbar The Gin Garden entwickelte, stammt von einem Gewürz mit dem fantastischen Namen Paradieskörner (*Aframomum melegueta*). Es besteht aus den gemahlenen Samen einer Pflanze aus der Ingwer-Familie und wird auch Guineapfeffer genannt. Es hat ein scharfes, pfeffriges Aroma mit Zitrusanklängen. Die Botanicals des Monkey 47 Gin sowie Tee und Bergamotte verleihen dem klassischen Earl Grey Martini eine exotische Note.

Für 1 Portion

50 ml **Gin Monkey 47**

35 ml bester **Earl-Grey-Tee** (mit echter Bergamotte)

15 ml frischer **Pomelosaft**

15 ml hausgemachter **Bergamotte-Paradies-körner-Sirup***

½ **Eiweiß**

Zum Garnieren

Pomeloschaum**

essbare Blüten wie Jasmin oder Geranie bzw. ein Streifen Pomelo- oder Grapefruit-schale

1. Ein Martiniglas zum Kühlen ins Tiefkühlfach stellen.
2. Gin, Tee, Pomelosaft und Sirup in einen Cocktailshaker geben und gut schütteln.
3. Die Cocktailmischung zwei Mal absieben, in das gekühlte Martiniglas gießen, dann eine dünne Schicht Pomelo-schaum daraufgeben. Mit ein paar Jasmin- oder Geranien-blütenblättern oder einem Streifen Pomelo- oder Grape-fruitschale garnieren. Sofort servieren.

* Für den Bergamotte-Paradieskörner-Sirup 125 ml Wasser und 100 g Zucker in einem Topf mischen und unter Rühren erhitzen, bis sich der Zucker aufgelöst hat. 1 TL Paradieskörner und die Schale einer Bergamotte (Citrus bergamia) zufügen und die Mischung noch 5–15 Minuten erhitzen. Den Sirup abkühlen lassen und durch ein Passiertuch oder ein feines Sieb streichen. Bis zur Verwendung im Kühlschrank aufbewahren.

** Für den Pomeloschaum: Ein 12-g-Päckchen Gelatinepulver mit 75 ml Pomelosaft, 75 ml Zuckersirup (siehe Seite 50) und 75 ml Kokosmilch mischen und in eine Sodasiphon-Flasche bzw. einen Sahne-Whipper geben.

CHILI

von Sheila Keating

Frage: Was macht süchtig, ist Namensbestandteil einer Rockband und wurde gegen Kater, als Währung und sogar zur Elefantenabwehr eingesetzt? Antwort: die Chilischote.

Über den Ursprung der Chilischote wurde jahrhundertelang reichlich debattiert, wobei viele auf die peruanischen und bolivianischen Anden tippten. Heute glaubt man allerdings, dass die ersten Chilis wild in Mexiko wuchsen. Im Tehuacán-Tal, das im Staat Puebla im Osten des Landes liegt, wurden 7000 bis 9000 Jahre alte Chilischoten-Fragmente gefunden, ebenso wie in den Ocampo-Höhlen in Tamaulipas im Nordosten des Landes. Die drei großen südamerikanischen Zivilisationen – die Maya, Azteken und Inka – verehrten die Chilischote, deren Name aus der aztekischen Nahuatl-Sprache stammt. Die Azteken waren auch die ersten, die die Kräfte von Chili und Schokolade (die sie als Speisen der Götter verehrten) in einem bitteren, dunklen und würzigen Getränk vereinten.

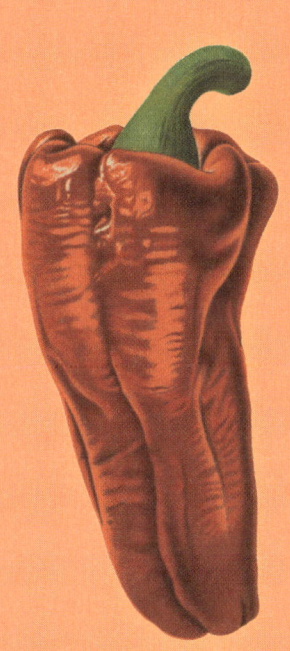

Chilis gehören zur Gattung *Capsicum*, die wiederum Teil der großen Familie der Nachtschattengewächse *Solanaceae* ist. Die meisten modernen Chilisorten gehören nur drei Arten an: Die am weitesten verbreitetste Art ist *Capsicum annuum* mit den bekannten Sorten »Jalepeño«, »Poblano« und »Serrano« und der Paprika. Die anderen beiden größeren Arten sind *Capsicum frutescens* mit den Sorten »Tabasco«, der thailändischen »Vogelaugen-Chili« und der portugiesischen »Piri-Piri«-Chilischote, und *Capsicum chinense* mit den feurigen Sorten »Habanero« und »Scotch Bonnet«. Insgesamt gibt es mehrere Tausend Chilisorten. Diese Chili-Vielfalt ist faszinierend, farbenfroh und vielgestaltig – von klein und rundlich über lang und spitz bis zu glocken- oder laternenförmig. Sie sind glatt und glänzend oder runzlig und schrumplig, mit Farben, die von Gelb bis Limetten- und Smaragdgrün und von Rot bis bräunlichem Violett reichen.

Jede davon hat ihren eigenen fruchtigen Geschmack und ihre ganz eigene Schärfe und jede Küchenkultur auf der ganzen Welt hat traditionelle Lieblingssorten. In Indien verwendet man hauptsächlich entweder frische lange grüne oder kleinere getrocknete rote Chilischoten, die oft gemahlen werden. »Piri Piri« ist ein Klassiker in Portugal und Südafrika, während in Thailand gilt: je kleiner, desto schärfer. Denken Sie nur an die »Vogelaugen«-Chilischoten und deren schärfste Waffe, die »Phrik Khi Nu Suan«.

Christoph Kolumbus brachte die Chilischote im 15. Jahrhundert nach Europa, und man nannte sie damals »Pfefferschoten«, da sie eine ähnliche Schärfe hatten wie Pfefferkörner. Botanisch betrachtet, handelt es sich bei der Chili eigentlich um eine Beere der Chilipflanze – eine Hohlfrucht, deren Samen von einer fleischigen Fruchtwand umgeben sind.

In Europa wurden die neu entdeckten Pfefferschoten zuerst von Mönchen in Portugal und Spanien kultiviert und von dort aus über Handelsrouten nach Indien und Südostasien, in den Nahen und Mittleren Osten und ins restliche Europa gebracht. Trotz der berühmten Liebe der Briten zum Curry, deren Wurzeln bis auf die Kolonialzeit zurückgehen, werden frische und getrocknete Chilischoten aller Farben, Formen und Arten in England erst seit ein paar Jahrzehnten auch für andere kulinarische Genüsse von Eiscremes bis Cocktails verwendet.

Doch woher kommt eigentlich die Schärfe? Über 40 verschiedene Inhaltsstoffe wurden in Chilischoten identifiziert, aber ihr Feuer verdanken sie den Capsaicinoiden, chemischen Stoffen, darunter hauptsächlich Capsaicin und Dihydrocapsaicin, die sich in der die Samen umschließenden Membran konzentrieren. Der Gehalt variiert je nach Anbauregion, Bodenbeschaffenheit, Klima und Reife der Frucht. Capsaicinoide lösen in unserem Organismus die Ausschüttung von Endorphinen (körpereigenen Schmerzmitteln) aus, was eine leicht euphorisierende Wirkung hervorrufen kann.

In New Mexico, wo Chilis vom Frühstück bis zum Abendessen auf der Karte stehen, heißt es, sie seien nicht nur das Geheimnis für ein glückliches, sondern auch für ein langes

Leben, vielleicht weil sie ein hervorragender Lieferant für Vitamin C und Vitamin A sind. Die Grenze zwischen dem Genuss und der Freude an einer fruchtig-scharfen Chili und dem Schmerz, wenn der Mund in Flammen zu stehen scheint, ist allerdings fließend. Der Schärfegrad von Chilischoten wird in Scoville-Einheiten gemessen, benannt nach dem amerikanischen Pharmazeuten Wilbur Scoville, der 1912 einen Test entwickelte, bei dem der Chili-Extrakt so lange mit Zuckersirup verdünnt wurde, bis die Probanden keine Schärfe mehr wahrnahmen. Viele Wissenschaftler hielten diese Methode jedoch für trügerisch, da jeder Mensch eine andere Schärfetoleranz hat. Bei neueren und objektiven Methoden wird inzwischen mittels der sogenannten Hochleistungsflüssigkeitschromatographie die Konzentration der Schärfe produzierenden chemischen Stoffe in der Frucht bestimmt.

Reichlich Machismo wird dabei ausgelebt, Chilis zu züchten und zu essen, die auf der Scoville-Skala alle Schärferekorde brechen. Erst galt die »Red Savina«, die 577.000 Scoville-Einheiten erreichte, als schärfste Chili der Welt, wurde dann aber geschlagen von der »Bhut Jolokia« mit einer Million Einheiten, gefolgt von der »Naga Viper« und der »Trinidad Scorpion«. Seit 2013 hält die »Carolina Reaper«, eine Varietät der *Capsicum chinense*, den Titel, mit entsetzlichen 2.200.000 auf der Skala (zum Vergleich: eine normale »Jalapeño« bringt es lediglich auf 3500–10.000 Einheiten).

Der Apotheker und Pflanzenkundler Nicholas Culpeper warnte 1597 in seinem Werk *Complete Herbal*, dass Chilischoten:

>*Mund und Hals so extrem verbrennen und entzünden, dass es kaum zu ertragen ist, und wenn man sie äußerlich an irgendeiner Stelle des Körpers auf die Haut aufträgt, schwillt die Haut an und wird rot, als sei sie mit Feuer verbrannt oder mit heißem Wasser verbrüht worden.«*

Er räumte jedoch ein, dass – trotz der Gefahren bei »unmäßigen Einsatz dieser violenten Pflanzen und Früchte« – diese dennoch »von beträchtlichem Nutzen seien, wenn man ihre bösen Eigenschaften korrigiert«, jedoch eher als Heilmittel, nicht als Nahrungsmittel. Etwas, das die amerikanischen Ureinwohner schon vor sehr langer Zeit entdeckt hatten.

Chilis (*Capsicum annuum*), aus
Album Benary, 1876–1882

Es heißt, die Maya verwendeten Chilischoten gegen Halsschmerzen, Husten und Heiserkeit, während andere Indianervölker damit fast alles behandelten, von Zahnschmerzen und Fieber bis zu Skorpionstichen. Die Maya und Azteken verbrannten Chilischoten, um mit dem beißenden, in den Augen brennenden Rauch Feinde abzuwehren. In Afrika und Indien pflanzten Farmer Chilis rund um ihre Felder an oder verbrannten eine Mischung aus Chilischoten und Kuhdung, um Elefanten abzuhalten, die aufgrund ihres sehr feinen Geruchssinns besonders empfindlich auf Capsaicin reagieren.

Wahre Chili-Liebhaber halten es wie im Chili-Heimatland Mexiko, wo die Komplexität ihres Aromas mehr gilt als die schiere Schärfe. Am häufigsten verwendet wird die »Jalapeño«, viele Rezepte erfordern aber auch die mildere »Poblano« oder die schärfere »Habanero«. Oft werden auch verschiedene Sorten gemischt, manchmal eine Kombination aus frischen und getrockneten Chilis, die oftmals ein reichhaltigeres, rosinenartiges Aroma entfalten. Zum Teil werden auch geräucherte »Jalapeños« verwendet, die »Chipotles«.

Chilis stammen zwar aus warmen, trockenen Regionen, gehören aber zu den wenigen Gewürzpflanzen, die in den verschiedensten Klimazonen — von gemäßigt bis tropisch — auf der ganzen Welt angebaut werden können. In den letzten 20 Jahren haben viele britische Hobbygärtner die Freuden des Chilianbaus entdeckt, und nicht nur im Treibhaus, sondern auch in Gemüsegärten und Hinterhöfen. In Kew wachsen sie in Glashäusern, aber auch draußen in unserem Gemüsegarten *Kew on a Plate*, wo sie von Sommer bis Herbst ihre herrlich leuchtenden Farbtupfer setzen. Besonders spektakulär ist die eindrucksvolle, mittelscharfe »NuMex Twilight«, die ursprünglich aus Jalisco, Mexiko, stammt und zu den vielen beliebten Züchtungen gehört, die an der New Mexico State University im Rahmen ihres aktuellen Chili-Forschungsprogramms entwickelt wurden. Sie produziert Massen winziger, nach oben gerichteter Schoten, die in ihren verschiedenen Reifestadien Farben von Violett über Gelb, Orange und schließlich Rot zeigen — ein wundervolles leuchtend buntes Bild.

DIE SCHÄRFSTE BLOODY MARY DER WELT

Diese Bloody-Mary-Version auf Tequila-Basis ist ein wahres Geschmackserlebnis von Räuchernoten und der feurigen Schärfe der weltschärfsten Chilischote »Carolina Reaper«, einer Kreuzung aus »Ghost Chili« und »Red Habanero«. Es liegt ganz bei Ihnen, wie viel Sie davon verwenden, aber seien Sie gewarnt. In diesem Rezept wird die Chilischärfe durch die Süße des duftenden Essigs und die Frische des Limettensafts ausbalanciert.

Für 1 Portion

50 ml weißer **Tequila**

200 ml frischer **Tomatensaft**

10 ml (2 TL) frischer **Limetten-saft**

10 ml (2 TL) **Essiggurken-Essig**

1 Prise **geräuchertes Salz**

1 gehäufte Messerspitze **Carolina-Reaper-Püree***

Eiswürfel

Chilischoten-Julienne, zum Garnieren

1. Alle Zutaten außer den Chili-Streifen zusammen mit einer Handvoll Eis in einen Cocktailshaker geben und zehn Sekunden kräftig schütteln.

2. Die Cocktailmischung durch ein Sieb in ein mit Eiswürfeln gefülltes Londdrinkglas gießen.

3. Den Cocktail mit ein paar feinen Julienne-Streifen einer frischen Chilischote garnieren. Hierzu die Chilischote häuten und in dünne Streifen schneiden. Wenn man sie zuvor in Eiswasser legt, rollen sie sich hübsch ein.

* Für das Püree: 1 Carolina-Reaper-Chili im Mixer fein zerkleinern. Wirklich nur eine Messerspitze in das Püree tauchen und diese kleine Menge in den Cocktail geben.

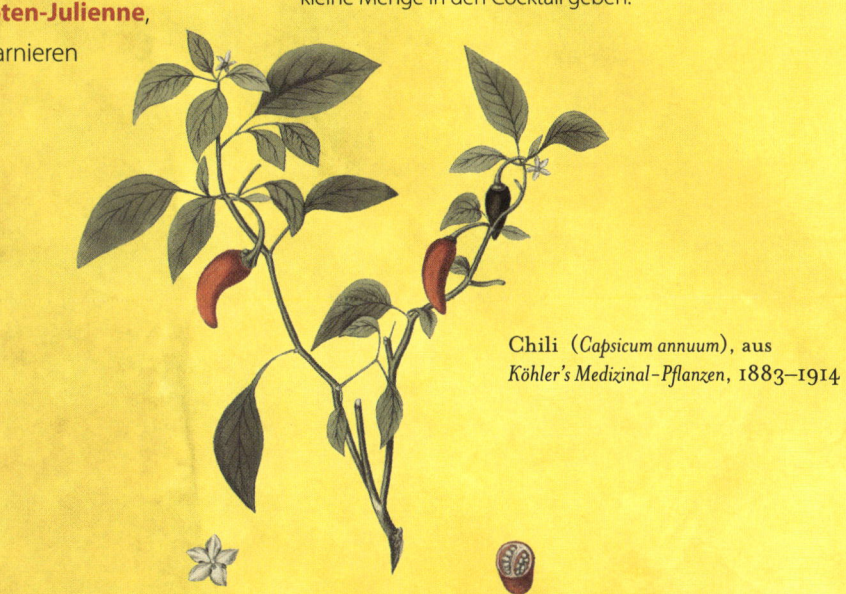

Chili (*Capsicum annuum*), aus *Köhler's Medizinal-Pflanzen*, 1883–1914

COUPETTE NR. 3

Chili und andere Gewürze werden häufig in Cocktails verwendet, die vor oder zu asiatischem Essen serviert werden. Dieses herrlich erfrischende Rezept ist eine Kreation der Bar des japanischen Restaurants *Sake no Hana* im Londoner Hotel *Mayfair*. »Es ist sehr befriedigend, mit Gewürzen in Getränken zu arbeiten. Die Leute genießen die leichte Schärfe sehr, die zusammen mit der Schärfe des Alkohols einen sehr komplexen Geschmack erzeugt«, sagt der Manager der Bar Eder Neto. »Wie viel Chili man zugibt, kann jeder selbst entscheiden, es kommt aber auch darauf an, wie stark die Flocken sind. Ich empfehle deshalb, zuerst nur ein wenig in den Vanillezucker zu geben, zu probieren und dann eventuell noch etwas mehr zu nehmen.«

1. Ein Coupette-Glas eine halbe Stunde ins Eisfach stellen. Oder, wenn Sie dafür keine Zeit haben, während Sie den Cocktail mischen, das Glas mit Eis füllen und Sodawasser zugeben, um den Kühlvorgang zu beschleunigen.

2. Alle Zutaten in einen Cocktailshaker geben und gut schütteln.

3. Das gekühlte Glas leeren, falls Sie Eis und Sodawasser verwendet haben. Die Cocktailmischung durch ein feines Sieb in das gekühlte Glas füllen. Sofort servieren.

* Für den Ingwersaft ein ca. 3–4 cm langes Stück frische, geschälte Ingwerwurzel fein reiben und durch ein feines Sieb oder ein Passiertuch streichen.

** Für den Vanille-Chili-Zucker 250 g Zucker mit ½ Vanilleschote und 1 Prise Chiliflocken (nach Geschmack) in der Küchenmaschine zu einem feinen Pulver verarbeiten. Den Zucker in einem luftdicht verschlossenen Gefäß aufbewahren und nach Belieben verwenden.

Für 1 Portion

40 ml nach traditioneller Art destillierter **Gin**

50 ml **Grapefruitsaft**

1 TL **Ingwersaft***

1 TL **Zuckersirup** (siehe S. 115)

1 EL **Vanille-Chili-Zucker****

Eiswürfel

Chili (*Capsicum annuum*), aus Nicolas François Régnault: *La botanique mise à la portée de tout le monde*, 1774

CHILI-MARTINI

Dieser beliebte, luxuriöse Cocktail aus dem Michelin-Stern-geschmückten Dim-Sum-Teehaus Yauatcha in London ist ein prickelndes Vergnügen.

1. Alle Zutaten außer dem Champagner bzw. Schaumwein in einen Cocktailshaker geben und gut schütteln.

2. Die Cocktailmischung durch ein feines Sieb in ein Glas füllen. Mit Champagner bzw. Schaumwein aufgießen und servieren.

* Für den Chili-Zuckersirup 60 ml Wasser in einem kleinen Topf zum Kochen bringen. 120 g Zucker zufügen und alles unter ständigem Rühren kochen lassen, bis der Zucker sich aufgelöst hat und ein klarer, heller Sirup entsteht. Den Sirup abkühlen lassen, dann zusammen mit einer langen, scharfen roten Chilischote im Mixer pürieren. Durch ein feines Sieb passieren, um die Chilisamen zu entfernen. Der Sirup lässt sich bis zu 28 Tage im Kühlschrank aufbewahren.

Für 1 Portion

25 ml **Wodka**

15 ml **Campari**

25 ml frisch gepresster **Orangensaft**

2 TL **Chili-Zuckersirup***

Eiswürfel

35 ml **Champagner** oder ein anderer **Schaumwein**

Chili (*Capsicum annuum*), aus *Köhler's Medizinal-Pflanzen*, 1883–1914

Orange
Citrus x aurantium

Ampelideae.

Weinrebe (*Vitis vinifera*), aus *Köhler's Medizinal-Pflanzen*, 1883–1914.

PARTY-PUNSCH

Ananas (*Ananas comosus*),
Illustration aus
Friedrich Justin
Bertuch: *Bilderbuch für
Kinder*, 1798

LONDON PUNSCH

Das Wort »Punsch«, auf Englisch *Punch*, ist abgeleitet von »*pancha*«, dem Sanskrit-Wort für die Zahl fünf. Denn traditionell gab es beim Punsch fünf Geschmacksrichtungen: Stark, Schwach, Süß, Zitrus und Würzig. Seeleute, die mit ihren Gewürzschiffen wieder zurück nach London kamen, brachten das Rezept mit, und um 1800 war Punsch in der gesamten Londoner Gesellschaft äußerst beliebt. Meist wurde er auf Gin-Basis hergestellt, und jedes *Public House* hatte seine eigene Version. Sie wurde aus einer großen Gemeinschaftsschüssel serviert, und meist rieb man noch etwas Muskatnuss darüber.

Für 10 Portionen
Eiswürfel
500 ml Sipsmith **London Dry Gin**, parfümiert mit **Assam-Tee**
250 ml frisch gepresster **Zitronensaft**
250 ml einfacher **Zuckersirup**
Zitronenschale, zum Garnieren

1. Zum Aromatisieren des Gin vier TL Assamtee-Blätter in eine 700-ml-Flasche London Dry Gin geben. Die Mischung 45 Minuten ziehen lassen, danach absieben.
2. Für den einfachen Zuckersirup Zucker und Wasser zu gleichen Teilen in eine Flasche füllen. Gelegentlich schütteln. Innerhalb von 15 Minuten sollte sich der Zucker aufgelöst haben.
3. Alle Zutaten in einem Krug mischen. Mit Zitronenschale garniert servieren.

Muskatnuss (*Myristica fragrans*), aus John Stephenson und James Morss Churchill: *Medical Botany*, 1834–1836

ANANAS-PUNSCH

Das Rezept für diesen fabelhaften Party-Punsch ist die Adaption eines Rezepts aus Jerry Thomas' *Bartender's Guide* aus dem Jahr 1862. Die fruchtigen Ananas- und Rumaromen werden Sie sofort in die Karibik versetzen.

1. Ananas und Zucker in eine große Glasschüssel geben und durchziehen lassen, bis sich der Zucker vollständig aufgelöst hat.

2. Alle weiteren Zutaten bis auf den Champagner zugeben und die Mischung 1 Stunde in ein Eisbad stellen. Danach den Champagner zugießen.

3. Einen großen Block Eis in eine Schüssel legen und den Punsch darübergießen. Abschmecken und, falls nötig, etwas Zucker zugeben. Mit in Scheiben geschnittenen Früchten garnieren und servieren.

Für 10 Portionen

4 **Ananas**, geschält, vom Strunk befreit und in Scheiben geschnitten

450 g **Zucker**

4 Flaschen **Champagner**

600 ml **Jamaika-Rum**

600 ml **Brandy**

150 ml **Curaçao**

Saft von 4 frisch gepressten **Zitronen**

Eiswürfel und 1 großer Block **Eis**

Früchte der Saison, z. B. Orangen oder Zitronen, in Scheiben geschnitten

Ananas (*Ananas comosus*) »Lady Beatrice Lambton«, von P. de Pannemaeker, nach einer Zeichnung von C. T. Rosenberg, um 1850

TRADITIONELLER GEWÜRZPUNSCH

Es lohnt sich, den Gewürzsirup zuzubereiten, denn er verleiht diesem Sipsmith-Punsch eine zusätzliche Fülle. Übrigen Sirup in einer Flasche im Kühlschrank aufbewahren.

Für 10 Portionen

Eiswürfel

250 ml **Gewürzsirup**

500 ml Sipsmith **London Dry Gin**

250 ml frisch gepresster **Zitronensaft**

250 ml **Sipsmith Sloe Gin**

Zum Garnieren:

ein paar Streifen **Zitronenschale**

geriebene **Muskatnuss**

1. Für den Gewürzsirup 1 l Wasser, 1 kg Zucker und eine Handvoll Gewürze Ihrer Wahl, z. B. Sternanis, Gewürznelken oder Zimt, in einen Topf geben. Bei starker Hitze zum Kochen bringen, dann die Hitze reduzieren und mindestens 15 Minuten köcheln lassen. Nach 15 Minuten sollte sich der Zucker aufgelöst haben. Abkühlen lassen.

2. Einige Eiswürfel in eine Glaskanne geben. Alle Zutaten zugießen und umrühren.

3. Zum Servieren den Punsch in Weingläser füllen (mit etwas Eis) und mit Zitronenschale und ein klein wenig geriebener Muskatnuss garnieren.

Muskatnuss
Myristica fragrans

CITRUS Bigaradia bizarro.   CITRONIER Bigaradier bizarre

Zitrone (*Citrus* spp.), aus Henri Louis Duhamel du Monceau: *Traité des arbres et arbustes*, 1819

WINTERLICH GEWÜRZTER NEGRONI

Ein Negroni ist nicht nur etwas für den Sommer. Dieses Getränk heitert nachhaltig den Gemütszustand auf, und das zu jeder Jahreszeit. Wenn Sie mehr oder weniger davon zubereiten wollen, passen Sie die Mengen einfach an (das Verhältnis beträgt 1:1:1:3).

1. Campari, Wermut, Gin, Cider, Orangensaft und Gewürzpulver in einem Topf mischen und sanft erhitzen, aber nicht köcheln lassen.

2. Die warme Mischung in Gläser füllen und jeweils mit einer Blutorangenscheibe garnieren. Sofort servieren.

* Für das Fünf-Gewürze-Pulver 2 TL Sternanis, 2 TL Fenchelsamen, 1 Zimtstange, 2 TL Szechuan-Pfeffer und 2 TL Gewürznelken kurz in einer Pfanne anrösten, dann im Mörser oder – weniger kraftraubend – in einer sauberen Kaffeemühle zu einem feinen Pulver zerkleinern. Darauf achten, dass sich die Gewürze gut vermischen.

Für 10 Portionen

300 ml **Campari**

300 ml **süßer Wermut**

300 ml **Gin**

900 ml **naturtrüber Cider** (nur Qualitätsmarken verwenden)

Saft von 5 frisch gepressten **Blutorangen**

5 TL frisch gemahlenes **Fünf-Gewürze-Pulver***

10 **Blutorangenscheiben**, zum Garnieren

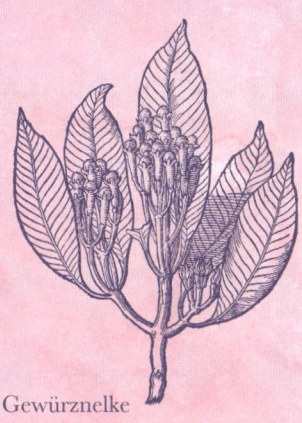

Gewürznelke
Syzygium aromaticum

Orange (*Citrus x aurantium*), aus Mordant De Launay und Loiseleur Deslongchamps: *Herbier général de l'amateur*, Bd. 7, 1817-1827

GROG »NORMAN COURT«

Ursprünglich wurde Grog aus Meerwasser, Rum und einem Spritzer Zitronen- oder Limettensaft zubereitet, der den salzigen Geschmack überdecken sollte. Dieses Grogrezept entstand an Bord des Tee-Klippers *Norman Court* (der 1883 vor Wales Schiffbruch erlitt). Es unterscheidet sich beträchtlich vom normalen »Seemannsgrog« jener Zeit, bei dem inzwischen immerhin das Meerwasser durch Süßwasser ersetzt worden war.

Für 6 Portionen

3 TL **Zucker**

300 ml kochendes **Wasser**

150 ml frisch gepresster **Orangensaft**, 85 ml frisch gepresster **Zitronensaft**, 180 ml frisch gepresster **Limettensaft**

180 ml **brauner Rum**

1. Den Zucker in einen Krug geben, mit kochendem Wasser übergießen und umrühren, bis er sich aufgelöst hat. Abkühlen lassen und die Mischung über Nacht in den Kühlschrank stellen.

2. Die Fruchtsäfte und den Rum zugeben. Im Kühlschrank aufbewahren und innerhalb weniger Tage aufbrauchen. Servieren Sie den Grog im Sommer auf Eis, garniert mit einem Minzezweig. Im Winter können Sie die Zimt-Variante probieren oder den Grog wie einen Glühwein heiß trinken.

Probieren Sie auch diese Variationen:

- Statt der sechs Limetten den Saft von zwei Granatäpfeln verwenden. Statt der Granatäpfel können Sie auch verdünnte Grenadine aus der Flasche verwenden (120 ml Grenadine mit 50 ml Wasser).
- Eine Prise Zimt in das Wasser geben, dann aufkochen und mit dem Zucker mischen.

Der Tee-Klipper *Norman Court*

GROG wurde in der Royal Navy durch Vize-Admiral Edward Vernon 1740 eingeführt. Vernon trug oft einen Mantel aus Grogram-Stoff und trug daher den Spitznamen *Old Grogram* oder *Old Grog*. Daher stammt auch der Name des Getränks, das dreierlei Zwecken diente: Erstens war es Energielieferant für übermüdete Seeleute. Zweitens betäubte der Alkohol auf milde Weise schmerzende Glieder, ohne den Seemann außer Gefecht zu setzen, und drittens war Grog mit seinem Zitrusfruchtanteil eine gute Vorbeugung gegen Skorbut. Der amerikanische Spitznamen für die Engländer ist »Limey«, weil sie an Bord ihrer Schiffe stets Limetten dabeihatten. In Australien hingegen entstand die Bezeichnung »Pom«, da auf den Woll-Klippern statt Limetten meist Granatäpfel verwendet wurden, die auf dieser Route leichter erhältlich waren.

WEIHNACHTLICHER RUM-BUTTER-PUNSCH

Dieses Rezept von Gina Fullerlove ist ideal für kalte Winterabende im Kreise der Lieben – und das nicht nur an Weihnachten.

1. Alle Zutaten bis auf die Muskatnuss in einen Topf geben und unter Rühren bis kurz vor dem Siedepunkt erhitzen, die Butter sollte geschmolzen sein und sich mit der Flüssigkeit verbinden.

2. Abschmecken und, je nach Geschmack, etwas mehr Butter und Sirup bzw. Honig sowie Muskatnuss zufügen. Heiß servieren.

Für 10 Portionen

25 g **Butter**

1–2 EL **Ahornsirup** oder **Honig**

2–3 TL gemahlener **Piment**

250 ml **Rum**

1,5 l **Apfelsaft**

2 **Zimtstangen**

frisch geriebene **Muskatnuss**, zum Garnieren

Zimt (*Cinnamomum zeylanicum*), aus *Köhler's Medizinal-Pflanzen*, 1883–1914

GLÜHWEIN

Der herrliche Duft von Glühwein verfehlt seine stimmungshebende Wirkung nie. An kalten, feuchten Wintertagen gibt es einfach nichts Besseres. Nachfolgend ein Rezept von Gina Fullerlove.

Für 5 Portionen
1 Flasche (750 ml) **Rotwein**
300 ml **Wasser**
ein Stück **Zimtstange**
   (ca. 6 cm)
4 **Gewürznelken**
4 **grüne Kardamomkapseln**,
   leicht angedrückt, um die
   Samen herauszulösen
2 **Sternanisfrüchte**
1 TL **Wacholderbeeren**
Schale von ¼ **Zitrone**
ca. 75 g **Zucker**

1. Alle Zutaten bis auf den Zucker in einen Topf geben und zugedeckt erhitzen, bis die Mischung leicht zu köcheln beginnt. Den Zucker zugeben und bei sehr schwacher Hitze noch 10–15 Minuten ziehen lassen, damit die Gewürze ihren Geschmack entfalten. Nicht mehr aufkochen lassen.

2. Den Glühwein abschmecken und, je nach Geschmack, etwas mehr Zucker zugeben. In einen Krug absieben. Der Glühwein schmeckt wunderbar mit gerösteten, leicht gesalzenen Esskastanien, selbst gemachten Käsestangen oder Weihnachtsgebäck wie einem Früchtekuchen.

Wacholder
Juniperus communis

Weinrebe (*Vitis vinifera*), aus Antoine Poiteau: *Pomologie française*, 1846

RUMFUSTIAN

In seinem 1862 *Bartender's Guide* von 1862 beschreibt Jerry Thomas dieses Getränk als »groß en vogue bei englischen Sportlern, wenn sie vom Schießen zurückkehren«. Man muss jedoch nicht beim Schießen gewesen sein – dieser Rumfustian wärmt jeden auf, so auch nach einem langen Spaziergang an einem knackig kalten Tag.

1. In einem großen Krug oder einer Schüssel Eigelb, Bier und Gin mit einem Schneebesen leicht schaumig schlagen.
2. Den Sherry in einen großen Topf geben und mit Zimt, Muskatnuss, Zuckerwürfel und Zitronenschale zum Kochen bringen.
3. Die heiße Sherrymischung in die Eiermischung geben und umrühren. Heiß servieren.

Ergibt ca. 2,4 l

12 **Eigelb**
1 l **Starkbier**
600 ml **Gin**
1 Flasche **Sherry** (750 ml), medium
1 **Zimtstange**
1 geriebene **Muskatnuss**
12 **Zuckerwürfel**
Schale von 1 **Zitrone**

LAURUS CASSIA L
Die Cassie.

Muskatnuss
Myristica fragrans

Zimt (*Cinnamomum verum*), aus Joseph Jacob Plenck: *Icones Plantarum Medicinalium*, 1788-1812

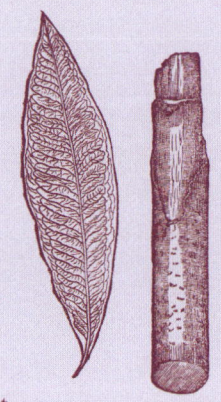

Engelwurz
Angelica archangelica

Zimt
Cinnamomum verum

Klette
Arctium lappa

BITTER
von Jason Irving

Bitter wird oft als »der vergessene Geschmack« bezeichnet, denn auch wenn er einen wesentlichen Teil des menschlichen Schmeckens ausmacht, wird er von vielen gern gemieden. Dennoch scheint er derzeit ein Comeback zu erleben, denn erfreulicherweise halten Bitterspirituosen wieder zunehmend Einzug in die Cocktailkarten.

Von seiner Grunddefinition her ist ein Cocktail ein Mix aus zwei oder mehr Getränken, von denen mindestens eines Alkohol enthält. Diese einfache Prämisse erweist sich als Quell »bösester« Zubereitungen – Mischungen aus Schnäpsen, Likören, Cordials und Säften aus unzähligen Kräutern, Gewürzen und Früchten. Auf der Suche nach dem besten und wohlschmeckendsten Weg, ihre Kunden betrunken zu machen, kehren die Barkeeper auf der Suche nach Inspiration heute wieder vermehrt zu den Klassikern zurück und befördern die neue Renaissance des Cocktails, indem sie diese auf moderne Weise zubereiten. Sie suchen, jenseits des Simplen und Süßen, nach dem Komplexen und Ungewöhnlichen. Das hat nun auch zur Wiederentdeckung der Cocktail-Bitter geführt – Pflanzenextrakte, die einem Drink eine besondere aromatische Tiefe verleihen und seine Süße ausgleichen.

Diese Extrakte waren elementarer Bestandteil der Original-Cocktails, wie sich der ersten schriftlichen Definition entnehmen lässt, erschienen 1808 in einem amerikanischen Wochenmagazin: »Ein Cocktail ist ein anregendes alkoholisches Getränk, bestehend aus Spirituosen jeglicher Art, Zucker, Wasser, und Bitter.« Nicht von ungefähr heißt die klassische Mischung aus Whisky, Zucker und Bitter »Old Fashioned«. Doch die Geschichte des Bitters reicht noch um einiges weiter zurück.

Sie beginnt mit medizinischen Pflanzenpräparaten, die im 18. und 19. Jahrhundert als Heilmittel gegen alle möglichen Leiden in den Apotheken verkauft wurden. Irgendwann wurden sie dann mit Branntwein gemischt und nicht mehr nur aus gesundheitlichen Gründen getrunken. Der starke Geschmack der Medizin war sicher ein guter Grund, um ihn mit Alkoholischem zu überdecken. Ähnlich verhielt es sich bei einem weiteren britischen Klassiker: Die englischen Truppen, die in Indien stationiert waren, mussten als Schutz gegen Malaria regelmäßig eine Dosis Chinin einnehmen. Um den unangenehmen Geschmack der Chinarinde zu überdecken, mischten sie ihn mit Gin und Zitrone, und der erste Gin Tonic war entstanden. Auf der Suche nach den Wurzeln der bitteren Tonics stößt man auf viele solcher faszinierender Geschichten über den Einsatz von Pflanzen in der Medizin.

Walnuss
Jugla regia

Kräutermedizin schmeckt oft unangenehm bitter, weil es sich um Extrakte aus Pflanzenteilen handelt, die wir normalerweise nicht in solch konzentrierter Form zu uns nehmen würden. Die Bitterkeit erfüllt jedoch auch einen therapeutischen Zweck, der seit Tausenden von Jahren bekannt ist. Die Geschmacksrezeptoren für Bitter auf der Zunge senden Signale an den Verdauungstrakt, die zur Freisetzung verschiedener Verdauungssäfte und zu gesteigerter Darmtätigkeit anregen.

Deshalb werden bittere Blätter, Rinden und Wurzeln in vielen traditionellen Heilverfahren gegen Magen-Darm-Beschwerden eingesetzt, von Infektionen über Appetitlosigkeit bis hin zu allgemeinen Verdauungsstörungen. Das Wermutkraut (*Artemisia absinthium*), auch bitterer Beifuß genannt, ist sogar in der Lage, Darmparasiten abzutöten, aus seinem Einsatz in der Medizin entwickelten sich schließlich die Getränke Wermut und Absinth.

Fenchel
Foeniculum vulgare

Die appetitanregende Wirkung des bitteren Geschmacks steht auch zu Beginn der Tradition des *Aperitivo* in Italien. Die Idee des Aperitivs lässt sich bis ins vierte Jahrhundert v. Chr. in Griechenland zurückverfolgen. Viele bittere Kräuterzubereitungen, die in früheren Zeiten medizinisch eingesetzt wurden, haben in Form von aromatisierten Spirituosen in Europa bis heute überlebt, etwa als *Kräuterlikör* in Deutschland, *Alpenbitter* in der Schweiz oder *Amaro* in Italien, von denen es jeweils zahlreiche Variationen und regionale Spezialitäten gibt.

Orange
Citrus x aurantium

Mandel
Prunus dulcis

Zitrone
Citrus x *limon*

Gelber Enzian (*Gentiana lutea*),
aus der Kew Collection

Die sogenannten Cocktail Bitters sind eng verbunden mit der Neuen Welt, wo sich der Begriff »Bitter« als Name für verschiedene gesundheitsfördernde Tonics einbürgerte. Am bekanntesten ist wohl Angostura Bitter, den ein deutscher Arzt in Venezuela 1824 kreierte, um die Soldaten der Armee von Simón Bolívar von ihren Bauchschmerzen zu befreien. Man mischte es schließlich in Cocktails, und später wurden Bitter speziell für diesen Gebrauch entwickelt.

All diese bitteren Zubereitungen haben ihre historischen Wurzeln in Klöstern. Dann kamen die Apotheken, die ihre Heilmittel aus verschiedenen heimischen Kräutern bereiteten. Die Pflanzen wurden getrocknet und in Alkohol eingelegt, um ihre medizinischen Eigenschaften zu extrahieren und zu konservieren.

Der Bittergeschmack ist in vielen Wurzeln, Blättern oder Rinden enthalten. Einer der meistverwendeten Bitterstoffe ist die Wurzel des gelben Enzians (*Gentiana lutea*), der in den Bergen Mittel- und Südeuropas wächst. Er enthält zwar einen der bittersten Inhaltsstoffe überhaupt, das Amarogentin, doch der Geschmack des Wurzelextrakts ist weit komplexer, mit vielschichtigen Bitternoten, einer gewissen Süße und sogar einer leicht floralen Note. Viele der bitteren Wurzeln haben auch süße Elemente, denn in den Wurzeln speichern die Pflanzen Zucker. Andere Pflanzen mit bitter schmeckenden unterirdischen Bestandteilen sind Zichorie, die oft als Kaffeeersatz verwendet wurde, Löwenzahn und Klette, Grundlage des »Spring Tonic«, und auch Engelwurz, wichtiger Bestandteil von Gin und anderen Spirituosen.

Rinden enthalten meist Tannine, chemische Stoffe, die bitter schmecken, aber auch adstringierend wirken. Dieser Effekt, bei dem sich das Gewebe im Mund zusammenzieht, verleiht einem Getränk Struktur. Deshalb wird Wein auch in Eichenholzfässern gelagert. Alle Rinden, die in Bittergetränken verwendet werden, wurden zunächst medizinisch eingesetzt, etwa Chinarinde gegen Malaria, Weidenrinde gegen Arthritis und Eichenrinde gegen Halsschmerzen. Auch diverse andere Heilpflanzen – oft aromatische Gewürze wie Fenchel,

Zimt, Anis, Engelwurz und Kardamom – wurden zusätzlich beigemischt.

Diese Gewürze haben einen hohen Gehalt an ätherischen Ölen, die ihnen ein starkes Aroma verleihen und in der Kräutermedizin aufgrund ihrer blähungslindernden und antimikrobiellen Wirkung den Verdauungstrakt beruhigen. Aus diesem Grund werden sie auch in Digestifs eingesetzt. Diese Verdauungsschäpse sollen, nach einer üppigen Mahlzeit genossen, den Magen besänftigen. Man mischte sie wohl aufgrund dieser Wirkung zu den Bittergetränken. Sicher weniger wegen ihrer medizinischen Wirkung, sondern in erster Linie wegen ihres Geschmacks sind auch die Schalen von Zitrusfrüchten, vor allem Orange und Grapefruit, beliebte Zutaten für Cocktail-Bitter. Bitter lassen sich aus vielen Pflanzen herstellen. Jede hat eine interessante Geschichte zu erzählen, und jede bringt ein anderes intensives Aroma in Cocktails ein.

Wenn Sie möchten, können Sie auch Ihre eigenen Bitter herstellen.

Wermut (*Artemisia absinthium*), aus Joseph Jacob Plenck: *Icones Plantarum Medicinalium*, 1788–1812

Bitter selbst herstellen

Ein Bitter ist nichts anderes als eine Art Tinktur, wie sie in der westlichen Kräuterheilkunde verwendet wird. Eine Tinktur bereitet man, indem man getrocknete, zerkleinerte Pflanzenteile in Alkohol einlegt und eine bestimmte Zeit– einen Tag bis mehrere Monate – ziehen lässt. Dann wird das Pflanzenmaterial entfernt und die Flüssigkeit aufbewahrt. Der Alkohol wirkt dabei als Lösungsmittel, der die chemischen Stoffe extrahiert und konzentriert, damit sie sich leichter aufnehmen lassen, und dient gleichzeitig als Konservierungsmittel, das für Haltbarkeit und konstante Verfügbarkeit der Medizin sorgt.

Sie können jede Spirituose verwenden, aber mit geschmacksneutralem Branntwein wie etwa Wodka können Sie das Endergebnis geschmacklich am besten beeinflussen. Es ist etwas kompliziert, welche Aromen am besten mit welchem Alkoholgehalt extrahiert werden, aber generell ist ein starker Alkohol (40–60 %) vorzuziehen.

Wenn Sie die Pflanzen ausgewählt haben, geben Sie sie in ein großes Glas und bedecken sie mit Alkohol. Die optimale Einwirkzeit ist von Art zu Art verschieden. Machen Sie also nach 12 Stunden einen Geschmackstest, dann nach einem Tag, zwei Tagen und so weiter. Danach die Flüssigkeit durch ein Sieb in eine Flasche gießen. In manchen Bitter-Rezepten werden verschiedene Pflanzen in einem Gefäß gemischt, aber am besten stellen Sie separate Tinkturen her und experimentieren dann mit verschiedenen Mischverhältnissen, um herauszufinden, welche Kombination Ihnen am meisten zusagt.

Kirschen (*Prunus*), aus Antoine
Poiteau: *Pomologie française*, 1846

Royale hâtive.

SPRITZIGE DRINKS FÜR FESTLICHE ANLÄSSE

Orange (*Citrus x aurantium*), aus
Antoine Risso und Pierre Antoine Poiteau: *Histoire et Culture
des Orangers*, 1782

ORANGE PYRIFORME

Orange Piriforme

Tab. 7.

MARMELADE-ADE

Verwenden Sie normale Orangen, wenn keine Blutorangen erhältlich sind. Sie sind allerdings etwas süßer, also sollten Sie die Menge an Orangensaft und -schale anpassen. Selbst gemachte Marmelade schmeckt mit Abstand am leckersten und hat das stärkste Zitrusaroma. Nutzen Sie also die Sevilla-Orangen-Saison Ende Januar, Anfang Februar und kochen Sie Marmelade für das kommende Jahr ein.

Für 6–8 Portionen

3 EL **Sevilla-Orangen-Marmelade**

fein abgeriebene Schale von 1 **Blutorange**

Saft von 2 frisch gepressten **Blutorangen**

1 Flasche (750 ml) **Asti Spumante**, eisgekühlt

Zum Garnieren:

Zesten von 1 **Blutorange**

2 **Blutorangen**, in Spalten geschnitten

1. Marmelade, Orangenschale und -saft in einem Krug mischen und mit einem Löffel umrühren. Den eisgekühlten Asti Spumante hineingießen und nochmals kurz umrühren.
2. Die Mischung durch ein feines Sieb in eine gekühlte Karaffe gießen.
3. Blutorangenzesten und Blutorangenspalten zufügen und servieren.

Orangenbaum (*Citrus* x *aurantium*), aus Antoine Risso und Pierre Antoine Poiteau: *Histoire et Culture des Orangers*, 1782

ANGELS' BREATH

Dieses süße hellrosa Getränke-Bonbon ist perfekt für eine Feier im Sommer, etwa eine Hochzeit oder eine Taufe. Pelargonienblüten wecken mit ihrem natürlichen, würzigen Duft die Erinnerung an einen typischen Landhausgarten. Falls nicht erhältlich, sorgen auch Rosenblüten für ein schönes Aroma, allerdings wird der Cocktail dadurch süßer. Da die Pelargonienblüten unterschiedlich groß sind, variieren Sie die Menge je nach Geschmack und je nachdem, wie stark Sie Ihren Cocktail aromatisieren möchten.

Pelargonie (*Pelargonium dioicum*),
aus *Curtis's Botanical Magazine*, 1821

1. Sechs Champagnerschalen vorbereiten: das steif geschlagene Eiweiß auf einen Teller geben und den Zucker auf einen zweiten. Den Glasrand der Champagnerschalen zuerst in den Eischnee und dann in den Zucker tauchen. So erhalten Sie einen schönen Zuckerrand.

2. Pelargonien-Blütenblätter, Johannisbeeren, Zuckerwürfel und Rosenlikör in einen Cocktailshaker oder einen Krug geben und mit einem Holzstößel oder -löffel kräftig zerdrücken und umrühren, bis sich der Zucker aufgelöst hat. Die Mischung durch ein feines Sieb oder ein Teesieb in die vorbereiteten Gläser füllen, dann die Gläser mit Schaumwein aufgießen.

3. Eine kleine Johannisbeerrispe über den Rand jedes Glases hängen und jeden Drink mit einem Rosenblatt garnieren. Sofort servieren.

Für 6 Portionen

4 **Duftpelargonien-Blütenstände***

eine große Handvoll **weiße Johannisbeeren**, vom Stiel abgezogen

4 EL **Rosenlikör**

1 **Zuckerwürfel**

1 Flasche (750 ml) trockener **Rosé-Schaumwein**, gut gekühlt

Zum Dekorieren:

Eischnee

Zucker

6 kleine **weiße Johannisbeerrispen**

6 pinkfarbene **Duftrosen-Blütenblätter**

* wir empfehlen »Attar of Roses«, eine Duftpelargoniensorte (*Pelargonium capitatum*)

RED CHERRY CARNIVAL

Die tiefrote Farbe von Kirschpüree, gepaart mit festlich prickelnden Cava-Bläschen und serviert in frostig-kalten Sektgläsern, ist so exotisch wie feierlich. Bereiten Sie diesen Cocktail zum Höhepunkt der Kirschsaison zu, wenn die Früchte am dunkelsten und süßesten sind, das verleiht dem Drink einen nahezu pfeffrigen Touch. Stellen Sie die Gläser für einen hübschen, frostigen Look vor dem Servieren 10 Minuten ins Eisfach.

Für 6 Portionen

100 g dunkle rote **Kirschen**, entsteint

40 ml **Cherry Brandy**

ein paar Spritzer **Bitter**

Zuckersirup nach Belieben (siehe Seite 50)

1 Flasche (750 ml) trockener **Cava**, gut gekühlt

Zum Servieren:

6 »Paar« rote **Kirschen** mit Stielen

6 **Minzezweige**

1. Die Kirschen grob zerkleinern und in eine kleine Schüssel geben. Cherry Brandy und Bitter zufügen und alles mit dem Stabmixer glatt pürieren.

2. Das Fruchtpüree abschmecken und je nach Geschmack und der natürlichen Süße der Kirschen mit etwas Zuckersirup nachsüßen.

3. Das Kirschpüree auf sechs Champagnerflöten verteilen und mit eisgekühltem Cava aufgießen.

4. Jeweils ein Kirschen-Paar über den Glasrand hängen und den Drink mit einem kleinen Minzezweig garnieren.

5. Vor dem Servieren der Cocktails die Gläser für einen schön frostigen Look zehn Minuten in den Kühlschrank stellen.

Kirsche (*Prunus*), aus Henri Louis Duhamel du Monceau: *Traité des arbres et arbustes*, 1755

ERDBEER-BASILIKUM-ST.-GERMAIN-CRUSH

Fragoli ist ein Erdbeerlikör aus winzigen Walderdbeeren, und St. Germain ist ein wundervoll aromatischer, alkoholhaltiger Holunderblütenlikör. Eigentlich ist keiner der beiden für diesen Cocktail wirklich notwendig, aber sie sind beide einfach so unglaublich deliziös! Falls nicht erhältlich, verwenden Sie nur die frischen Erdbeeren und geben Sie einen Schuss (idealerweise selbst gemachten) Holunder-Cordial dazu (siehe Seite 65).

1. Erdbeeren und Basilikumblätter in einen Krug geben und mit einem Holzstößel kräftig andrücken.

2. St. Germain und Fragoli zugießen und erneut mit dem Holzstößel drücken, dann die Mischung durch ein Sieb in eine gekühlte Karaffe passieren.

3. Den Prosecco einfüllen und alles vorsichtig umrühren. Abschmecken und, je nach Geschmack mit etwas Zuckersirup nachsüßen.

4. Je einen Borretsch-Holunderblüten-Eiswürfel und ein paar Walderdbeeren in acht Martinigläser geben. Die Cocktailmischung darübergießen und servieren.

Für 8 Portionen

300 g kleine **Erdbeeren**, gewaschen und von den Stielansätzen befreit

2 große **Basilikumblätter**

60 ml **St. Germain**

60 ml **Fragoli**

1 Flasche (750 ml) **Prosecco**, gut gekühlt

1–2 EL **Zuckersirup** (siehe Seite 50)

Zum Servieren:
Borretsch-Holunderblüten-Eiswürfel*
Walderdbeeren

* Dafür Holunderblüten-Cordial im Verhältnis 1:4 mit Wasser mischen, in eine Eiswürfelform gießen. In jede Mulde eine kleine Borretschblüte (Borago officinalis) geben und einfrieren.

Erdbeere (*Potentilla (Fragaria) ananassa*), aus Basilius Besler: *Hortus Eystettensis*, 1613

Fraga fructu albo.

MRS. BEETONS ROTWEINPUNSCH

Dieses einfache Grundrezept für einen Weinpunsch auf Bordeaux-Basis aus Mrs. Beetons Archiv lässt sich hervorragend variieren. Experimentieren Sie mit Zutaten Ihrer Wahl, und geben Sie für besondere Gelegenheiten ein paar in Scheiben geschnittene Früchte der Saison dazu, die zur Geschmacksrichtung des Punschs passen.

Für ca. 12 Portionen

1 Flasche (750 ml) **Bordeaux-Rotwein**

1 Flasche **Sodawasser**

4 EL **Puderzucker**

¼ TL geriebene **Muskatnuss**

30 ml **Cherry Brandy**

1 **Borretschzweig**

Crushed Ice

1. Alle Zutaten bis auf das Eis in eine große Schüssel oder Karaffe geben und vorsichtig umrühren.

2. Das Eis zufügen. Nicht zu viel Eis nehmen, wenn die Mischung bereits recht kalt ist. Bei sehr warmem Wetter können Sie mehr Eis zugeben.

Muskatnuss
Myristica fragrans

Borretsch (*Borago officinali*), aus Otto
Wilhelm Thomé: *Flora von Deutschland,
Österreich und der Schweiz*, 1885

RHABARBER-ROSE

Grundlage dieses Getränks ist der ungewöhnliche »Rhubarb Vodka«. Dafür wird Herefordshire-Rhabarber (*Rheum* x *hybridum*) langsam gegart und anschließend in Wodka mariniert. Der vertraute Geschmack von Rhabarber mit Vanillesoße, gewürzt mit Ingwer und parfümiert mit Rosenblüten, ergibt ein delikates, romantisches Getränk.

1. Wodka, Zitronensaft und Sirup mit etwas Eis in ein großes Glas (oder einen Krug) geben und umrühren.

2. Rhabarberwürfel, Rosenblütenblätter und Minze in ein Longdrinkglas geben. Dann Wodkamischung hineingießen und das Glas mit Mineralwasser auffüllen.

3. Einen feinen Streifen frischen Rhabarber mit dem Sparschäler abschneiden und wie eine Locke um einen Strohhalm wickeln. Je nach Geschmack einen Spritzer Rosenwasser zugeben.

* Für den Sirup 125 ml Wasser und 100 g Zucker in einen Topf geben und unter Rühren erhitzen, bis sich der Zucker aufgelöst hat. 1 Vanilleschote, die Zesten von 1 Orange und ein 4 cm großes Stück geschälte und gewürfelte frische Ingwerwurzel zugeben und alles noch weitere 5–15 Minuten erhitzen. Den Sirup abkühlen lassen und durch ein Passiertuch oder ein feines Sieb in ein Gefäß gießen. Im Kühlschrank aufbewahren.

** Für den eingelegten Rhabarber: den Rhabarber in ca. 1 cm große Würfel schneiden und mit selbst gemachtem Vanillesirup (nach dem Rezept wie oben, nur ohne Orange und Ingwer) und einer Scheibe gegarter Rote Bete (für die Farbe) in einer Frischebox mischen, luftdicht verschließen. Die Mischung 24 Stunden im Kühlschrank durchziehen lassen, dann die Rote Bete herausnehmen. Der eingelegte Rhabarber ist ca. sieben Tage haltbar.

Für 1 Portion

50 ml **Rhubarb Vodka**

15 ml **Zitronensaft**

Eiswürfel

15 ml selbst gemachter **Vanille-Ingwer-Orangen-Sirup***

5 eingelegte **Rhabarber-Würfel****

5 **Rosenblütenblätter**, in Chiffonade geschnitten

4 **Minzeblätter**, in Chiffonade geschnitten

kohlensäurehaltiges **Mineralwasser**

1 Streifen frischer **Rhabarber**, zum Garnieren

1 Spritzer **Rosenwasser**

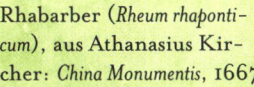
Rhabarber (*Rheum rhaponti-cum*), aus Athanasius Kircher: *China Monumentis*, 1667

LEVANTINE FIZZ

Ein Toast auf die Levante und ihre feinen Aromen, die von dort aus die Welt erobert haben. Die subtil-süße Duftnote von Orangenblüten erinnert an einen mediterranen Frühlingstag. Grüner Kardamon schafft ein Gegengewicht zur Süße der Orangenblüten und zur Üppigkeit des sahnigen Joghurts. Diese luxuriöse, aromatische Kombination, umhüllt von prickelnden, seidigen Bläschen, ist perfekt für einen gemütlichen Nachmittag oder Abend mit Freunden.

Für 2 Portionen

1 **Eiweiß*** (von einem mittelgroßen Ei)
1 Schnapsglas **Zucker**
1 Schnapsglas **Naturjoghurt**
3 Schnapsgläser
   Kardamom-Wodka**
1 Schnapsglas frisch gepresster
   Zitronensaft
1 TL **Orangenblütenwasser**
5 **Eiswürfel**
Sodawasser, zum Auffüllen
   der Gläser

1. Alle Mengen mit einem Schnapsglas abmessen. Eiweiß und Zucker in einen Cocktailshaker (oder ein 700-ml-Glas mit Schraubdeckel) geben und etwa 1 Minute schütteln, bis die Mischung schaumig ist.

2. Joghurt, Kardamom-Wodka, Zitronensaft, Orangenblütenwasser und Eiswürfel zugeben und weiterschütteln, bis das Eis geschmolzen ist. Das dauert etwa 2–5 Minuten. Statt Kardamom-Wodka können Sie auch frisch aufgebrühten Kardamomtee verwenden.

3. Die Mischung auf zwei hohe Gläser (300 ml) verteilen und mit Sodawasser aufgießen. Mit Strohhalm servieren. Wenn Sie das Getränk kräftig genug geschüttelt haben, stehen die Strohhalme im Schaum senkrecht.

* Falls Sie kein rohes Ei verwenden wollen, nehmen Sie stattdessen ein zusätzliches halbes Schnapsglas Joghurt und ein halbes Schnapsglas Wasser. Allerdings wird die Mischung dann nicht so schaumig. Einfach alle Zutaten bis auf das Sodawasser mischen. Schütteln, bis das Eis geschmolzen ist, dann die Mischung in Gläser füllen und mit Sodawasser aufgießen.

** Für den Kardamom-Wodka 50 grüne Kardamomkapseln leicht andrücken und mindestens 24 Stunden in 500 ml Wodka ziehen lassen. Stattdessen können Sie auch frisch zubereiteten Kardamomtee verwenden. Dafür 6 Kardamomkapseln leicht andrücken, in eine Tasse geben, mit kochendem Wasser übergießen und mindestens 20 Minuten ziehen lassen.

Orangenblüte (*Citrus* x *aurantium*), »Orangen-Blüten und Früchte, gemalt auf Teneriffa« (Tafel 520) von Marianne North

Die LEVANTE bezeichnet die östliche Mittelmeerregion von Kleinasien bis zum östlichen Nordafrika und umfasst die Länder Zypern, Türkei, Syrien, Libanon, Palästina, Israel, Jordanien und Ägypten. Es ist eine Region, deren Kultur vom Meer und durch die internationale Allianz mit Frankreich und dem Osmanischen Reich geprägt ist. So konnte sich ein eigenständiges kulinarisches Vermächtnis entwickeln und über das Mittelmeer verbreiten. Getränke auf Joghurtbasis wie das türkische Ayran gibt es in der gesamten levantinischen Region. In der Türkei wird Ayran an jeder Straßenecke verkauft oder zu Hause selbst gemacht. Besonders spektakulär serviert man es eiskalt in einem hohen Glas, in dem sich der luftige Schaum bis über den Glasrand auftürmt.

THE GREAT BRITISH BAKEWELL

Dieser fruchtige Drink ist eine Verbeugung vor der traditionellen englischen »Bakewell tart« und das ideale Getränk für eine Grillparty oder als Aperitif vor dem Dinner.

Für 6 Portionen

60 g **Himbeeren**, küchenfertig

1 **Pfirsich**, halbiert und
entsteint

40 ml **Amaretto**

1 Flasche (750 ml) **trockener
Weißwein**

Crushed Ice

1. Die Himbeeren und eine Pfirsichhälfte in eine kleine Schüssel geben. Den Amaretto zugeben und alles mit einem Stabmixer glatt pürieren.

2. Das Fruchtpüree durch ein feines Sieb in eine Schüssel passieren. Dann in eine vorgekühle Karaffe oder einen Krug füllen, den Wein zugießen und gut umrühren.

3. Je eine kleine Handvoll Crushed Ice in sechs Weingläser geben und die aromatisierte Weinmischung darübergießen.

4. Die zweite Pfirsichhälfte in sechs Spalten schneiden, auf jeden Glasrand eine Pfirsichspalte stecken und das Getränk servieren.

Himbeere (*Rubus idaeus*), aus Otto Friedrich Müller: *Flora Danica*, 1782

FENCHEL

von Susanne Masters

Fenchel taucht fast rund um den Globus auf, von den kargen zentralasiatischen Steppen bis hin ins tropische Brasilien. Angesichts seiner Jahrtausende umspannenden Geschichte fängt man bei der Beschreibung seiner Reisen am besten dort an, wo die Aufzeichnungen beginnen: Mit Texten aus dem Jahr 1600 v. Chr., verfasst von den Hethitern, die zu jener Zeit über Anatolien herrschten, das inzwischen zum asiatischen Teil der Türkei gehört.

Als die Hethiter ihr Imperium im Mittleren Osten ausdehnten, verfluchten sie die Städte, die sie dort erobert und zerstört hatten. In ihren Schriften ist überliefert, dass bei diesem Ritual die Samen des *Marashanha* dafür sorgen sollten, dass die Stadt unbewohnt blieb. Anhand archäologischer, linguistischer, botanischer und ethnobotanischer Spuren konnte der mysteriöse *Marashanha* als Fenchel (*Foeniculum vulgare*) identifiziert werden. Einem hethitischen Keilschriftfragment lässt sich entnehmen, dass *Marashanha* als Nahrungsmittel und Medizin, aber auch als Samen der Verwüstung eingesetzt wurde. Von allen Pflanzenarten der Region, die als Fenchel bezeichnet werden, darunter verschiedene Spezies von *Foeniculum*, *Ferula* und *Ferulago*, ist *Foeniculum vulgare* diejenige Art, die sowohl als Nahrungsmittel diente als auch verlassene Orte symbolisiert. Für manche Tiere ist die Pflanze giftig, und sie wurde einst bei Abtreibungen eingesetzt. Außerdem ist sie charakteristisch für verwüstete Landschaften, denn ihre Samen gehen dort auf, wo der Boden zerstört und ausgelaugt ist. Die Samen einer Pflanze zu verteilen, die an verlassenen Stätten gedeiht und bei Mensch und Tier zu Tod und Unfruchtbarkeit führen kann, war eine symbolische Handlung, um auszudrücken, dass die eroberten Städte leblos und unfruchtbar bleiben sollten.

Die medizinischen Eigenschaften des Fenchels waren nicht nur den Hethitern bekannt. Selbst heute noch trinken viele stillende Mütter in Europa Fencheltee, um die Milchproduktion anzuregen. In der Traditionellen Chinesischen Medizin wird

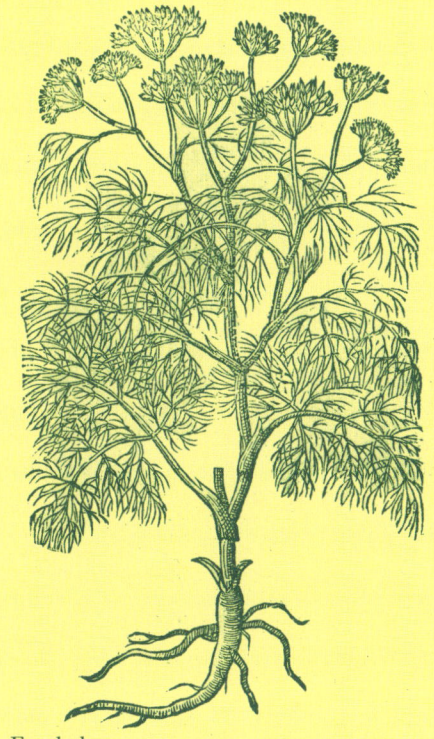

Fenchel
Foeniculum vulgare

Fenchel
Foeniculum vulgare

Fenchel unter anderem zur Behandlung von Bronchitis und Magen-Darm-Beschwerden eingesetzt. Auch im kulturellen Schmelztiegel Brasilien gehört Fenchel zu den anerkannten Heilpflanzen und wird als Beruhigungsmittel, Abführmittel und zur Behandlung von Bronchitis verwendet.

Fenchel ist auch eine der Zutaten von Absinth und Pastis und verleiht dem Getränk der Pariser Bohemiens dank natürlicher Nanotechnologie eine ganz besondere Eigenschaft: Das Molekül Trans-Anethol ist weitgehend für den Geschmack von Fenchelsamen verantwortlich. Es löst sich in Alkohol, ist aber hydrophob, d. h. wasserabweisend. Wenn man Absinth mit Wasser mischt, bildet sich erst eine wolkig-trübe Schicht, wo sich die beiden klaren Flüssigkeiten treffen. Gibt man dann mehr Wasser dazu, wird die Mischung milchig-weiß. Was wir als Trübung wahrnehmen, ist die Emulsion winziger Tröpfchen hydrophober Moleküle.

In der Küche wird Fenchel vielseitig eingesetzt. So verwenden die Italiener die rundlichen Knollen sowie die Blätter als Gemüse, die Samen als Gewürz und die Pollen als ein so feines Aromat, dass es das »Gewürz der Engel« genannt wird. Fenchelpollen als Küchenzutat kann man für teures Geld kaufen, oder man nimmt sich die Zeit und sammelt es selbst. Ihr exquisites Aroma erinnert an Fenchelsamen, ist jedoch weniger »anislastig«. Um die Pollen zu erhalten, schüttelt man die Fenchelblüten über einem Gefäß aus. Eine weniger aufwendige Methode besteht darin, die Fenchelblüten zu pflücken und an einem dunklen, warmen Ort auf einem Gitter über einem Backblech trocknen zu lassen. Innerhalb weniger Tage fallen die Fenchelpollen heraus. Das Fenchelblütenaroma verleiht beispielsweise Fenchelblütenlikör sein feines Aroma. Das gelbe, aromatische Getränk ist ein milder Digestif nach dem Essen oder, auf Eis, ein erfrischender Drink für heiße Nachmittage.

Italienische Einwanderer brachten den Fenchel in die USA, wo er sogar so gut gedeiht, dass er inzwischen in manchen Staaten als hochinvasive und problematische Art gilt. Auch in Australien zählt Fenchel zu den invasiven Arten. In der britischen Flora ist Fenchel schon seit der Antike heimisch, eingeführt von den Römern und als Teil ihres kulinarischen Erbes immer noch

Fenchel (*Foeniculum vulgare*),
aus Otto Wilhelm Thomé: *Flora
von Deutschland, Österreich und
der Schweiz*, Bd. 3, 1885

präsent. Inzwischen ist er weitverbreitet und wächst an Straßen-
rändern, am Meeresufer und auf Ödland. Fenchel ist eine weit
gereiste Pflanze, die aufgrund ihres vielseitigen Nutzens auch au-
ßerhalb ihres natürlichen Verbreitungsgebiets angebaut wird. Als
Tee wird er wegens seines Aromas und seine therapeutischen Eigenschaften geschätzt. Er findet sich in vielen alkoholischen Getränken wie Gewürzlikör und Gin. Optisch ist Fenchel eine eher
unscheinbare Pflanze mit winzigen Blüten und fein verzweigten
Blättern. Angesichts dessen mag man kaum glauben, dass diese
Pflanze einst dazu diente, Städte zu verfluchen.

Tab. 197

Engelwurz (*Angelica archangelica*), aus Joseph Jacob Plenck: *Icones Plantarum Medicinalium*, 1788–1812

ANGELICA ARCHANGELICA L.
Die edle Engelwurz.

SCHNAPS UND LIKÖR

Schlehe (*Prunus spinosa*), aus Henri Louis Duhamel du Monceau: *Traité des arbres et arbustes*, Bd. 5, 1812

FENCHELBLÜTENLIKÖR

Wenn Sie in Italien als Gast ein Haus betreten, wird mit etwas Glück eine Flasche hausgemachter Likör aus dem Kühlschrank geholt. Limoncello ist ein international bekannter und beliebter Likör, der in vielen italienischen Kühlschränken zu finden ist. Es gibt jedoch zahlreiche regionale Variationen, und mit etwas Kreativität lassen sich auf diese Weise Spirituosen in unterschiedlichsten Geschmacksrichtungen herstellen. Fenchel kann man fast das ganze Jahr über pflücken, und Fenchelsamen bewahren ihr Aroma auch im Gewürzregal, doch das Aroma von Fenchelblüten verfliegt relativ schnell. Dieser Likör ist die Essenz eines süditalienischen Sommers.

Ergibt ca. 1 l

40 **Fenchelblütendolden**,
    frisch gepflückt

400 ml 95%iger **Alkohol**, oder
    1 l **Wodka**

600 ml **Wasser**

300 g **Zucker**

Zum Servieren:

Eiswürfel

Sodawasser

Orangenschale

1. Möglichst viele der Fenchelblütenstiele entfernen (dazu Blüten eines Blütenstands oben zusammennehmen und dann die Stiele mit einem Ruck abziehen).

2. Fenchelblüten und Alkohol in ein großes Glas geben und luftdicht verschließen. Die Mischung 10 Tage durchziehen lassen, möglichst einmal täglich schütteln.

3. Wenn Sie Alkohol verwenden, die Mischung in einen großen Krug absieben und mit Wasser und Zucker mischen. Falls Sie Wodka verwenden, die Mischung ebenfalls in einen großen Krug absieben und nur mit dem Zucker mischen. Den Likör in Flaschen abfüllen und luftdicht verschließen.

4. Am besten im Tiefkühlfach kühlen und als eiskalten Shot trinken. Für einen längeren Genuss ein großes Schnapsglas Likör über eine Handvoll Eiswürfel gießen, oder den Likör mit Eiswürfeln, Sodawasser und Orangenschale garniert servieren.

Pflücken Sie Fenchelblüten an einem trockenen, sonnigen Tag. Die einzelnen Fenchelblüten sind so winzig, dass man sie nicht einzeln pflücken kann. Praktischerweise sind die Blütenstände aber in Dolden angeordnet. In einer Dolde sitzen alle Blütenstiele strahlenförmig angeordnet um einen Stiel, ungefähr so wie die Rippen eines Regenschirms. Pflücken Sie die Fenchelblüten kurz unter dem Ansatz der Dolde ab, Sie sieht aus wie ein Regenschirm, der aus vielen winzigen Regenschirmen besteht. Die Fenchelblüten nicht waschen, nur kurz und kräftig schütteln — sonst waschen Sie auch das Aroma mit ab. Achten Sie daher darauf, dass sie möglichst sauber und für den Verzehr geeignet sind, also nicht in der Nähe von Straßen oder anderen Verschmutzungsquellen sammeln. Der beste Ort zum Sammeln sind der eigene Garten, Waldränder und Küstengebiete am Meer.

LOGANBEEREN-WODKA

Dieser luxuriöse Winter-Drink ist gut gegen Halsschmerzen und eine fantastische Möglichkeit, eine üppige Beerenernte zu verwerten. Außerdem ist der Drink ein sehr feines Getränk für jeden Anlass. Sie können jedes reife Beerenobst wie Loganbeeren, Himbeeren oder Erdbeeren verwenden. Aufgrund seiner Reifezeit ist das Getränk ideal für den Winter und natürlich ein sehr schönes Weihnachtsgeschenk – wenn Sie es denn verschmerzen können, etwas davon abzugeben!

1. Die Beeren in ein großes Glasgefäß geben. Ein Glasballon ist ideal, aber ein großes Einmachglas tut es auch. Das Obst mit einer ordentlichen Schicht Zucker bedecken.

2. Den Wodka im Volumenverhältnis von ca. 4:1 zugeben. Wenn Ihr Glasgefäß z. B. zu 20 Prozent mit Beeren und Zucker gefüllt ist, die restlichen 80 Prozent mit Wodka aufgießen.

3. Das Gefäß verschließen und mindestens drei Monate an einem dunklen, kühlen Ort ziehen lassen. Je länger Sie die Mischung durchziehen lassen, desto intensiver wird der Fruchtgeschmack.

4. Das Gefäß alle paar Wochen sanft schwenken, damit sich die Zutaten gut vermischen. Nach drei Monaten die Flüssigkeit durch ein Passiertuch absieben, in Flaschen füllen, etikettieren und an einem dunklen, kühlen Ort lagern. In den Flaschen bildet sich ein Bodensatz, deshalb den Wodka vor dem Trinken dekantieren. Sie können ihn bereits nach drei Monaten trinken, aber am besten schmeckt er nach ca. sechs Monaten. Die alkoholgetränkten Beeren können Sie zu Puddings oder Eiscreme genießen, aber Vorsicht – sie haben es in sich!

Mengenangaben siehe Zubereitungsschritte

Loganbeeren oder anderes Beerenobst, küchenfertig, verlesen und von Blättern und Stielansätzen befreit

Zucker

Wodka

Loganbeere (*Rubus*), aus Ulysses Prentiss Hedrick: *The Small Fruits of New York*, 1925

VEILCHEN-TONIC

Dieses Tonic-Rezept stammt aus der Familien-Traditon von Bob Flowerdew, dort ist es ein berüchtigtes Aphrodisiakum und bewährtes Allheilmittel gegen Halsschmerzen, Erkältungsbeschwerden oder Frösteln. Sie können ihn jedoch genauso gut als Muntermacher trinken, oder auch nur, um den wunderbaren Geschmack zu genießen.

Ergibt ca. 450 ml

1000 **süße Veilchenblüten** (ja, Sie lesen richtig, 1000 Stück)

150 ml **weißer Rum**, vorzugsweise Overproof

240 ml **Wasser**

150 g **Zucker**

1. Sammeln Sie frische Veilchenblüten und zupfen Sie sofort den weißen Blattansatz ab, denn dieser Teil der Pflanzen ist bitter.

2. Den violetten Teil der Blätter in einem großen Glasgefäß (am besten ein Einmachglas) mit dem Rum mischen. Das Gefäß verschließen und zwei Wochen an einem kühlen, dunklen Ort stehen lassen, aber jeden Tag einmal sanft schwenken.

3. Das Wasser zum Kochen bringen, den Zucker zufügen und rühren, bis er sich aufgelöst hat. Den Sirup abkühlen lassen (wenn der Zucker teilweise kristallisiert, ist das kein Problem). Den Veilchen-Rum absieben, Blütenblätter wegwerfen. Den Rum mit dem Zuckersirup mischen und in eine Flasche füllen. Bis zur Verwendung an einem kühlen Ort aufbewahren. Langsam genießen, am besten teelöffelweise, und nicht in einem Schluck trinken.

Veilchen (*Viola odorata*), aus Edward Step: *Favourite Flowers of Garden and Greenhouse*, Bd. 1, 1896-1897

Veilchen
Viola

SLOE GIN

»Schlehen-Gin« ist ein britischer Getränkeklassiker, und das Sammeln der Schlehen im Oktober ist der perfekte Anlass für einen ausgedehnten Spaziergang auf dem Lande, um die kürzer werdenden Tage vor dem Winter noch bestmöglich zu nutzen. Traditionell, aber nicht zwangsläufig, sollte man mit dem Schlehensammeln bis nach dem ersten Frost warten. Im September reifen auch Zwetschgen oder Pflaumen, die Sie ebenfalls für dieses Rezept verwenden können.

1. Die Schlehen waschen und aussortieren. Jede Frucht mehrmals einstechen. Am besten geht dies mit einem selbst gebastelten »Nadelkissen«: Hierzu 6 oder mehr Nadeln durch einen dünnen Radiergummi stecken, damit lassen sich mehrere Schlehen gleichzeitig einstechen. Alternativ die Schlehen einfrieren und wieder auftauen. Dabei reißen die Schalen ein, was denselben Effekt hat.

2. Die Schlehen in ein 1-Liter-Einmachglas füllen, dann den Zucker und danach den Gin zufügen, bis hoch zum Rand. Wenn Sie den Gin lieber etwas trockener mögen, weniger Zucker verwenden.

3. Das Glas verschließen und schütteln, damit sich der Zucker auflöst. Täglich schütteln, bis der Zucker vollständig gelöst ist, dann die Mischung an einem kühlen, dunklen Ort lagern.

4. Nach 3 Monaten das Glas öffnen und den Gin durch ein Passiertuch absieben und in sterilisierte Flaschen füllen. Sie können den Gin schon in diesem Stadium trinken, er wird aber deutlich besser, wenn Sie ihn noch 12 Monate lagern.

Ergibt ca. 1 l
500 g **Schlehen**
100–175 g **Zucker**
1 Flasche (750 ml) **Gin** mittlerer
    Qualität

Schlehe (*Prunus spinosa*), aus Henri Louis Duhamel du Monceau: *Traité des arbres et arbustes*, Bd. 5, 1812

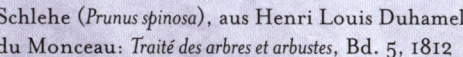

INGWER-GIN

Tim Utteridge, von dem dieses Rezept stammt, empfiehlt, diesen »sehr süßen, feurigen Schnaps am besten nach dem Dinner auf Eis« zu genießen – ein Getränk, das man am besten langsam und in kleinen Mengen trinkt.

Ergibt ca. 1 Flasche

350 g in Sirup eingelegter **Ingwer**

1 Flasche (700 ml) **Gin** oder **Wodka**

Den eingelegten Ingwer fein würfeln und mitsamt dem Sirup aus dem Konservenglas in ein großes Gefäß mit Deckel füllen. Den Gin bzw. Wodka zufügen. Das Gefäß verschließen und die Mischung mindestens einen Monat durchziehen lassen.

Ingwer (*Zingiber officinale*), aus *Köhler's Medizinal-Pflanzen*, 1883–1914

HIMBEER-GIN

Megan Gimber aromatisiert ihren wundervollen Gin mit Himbeeren. Man kann den Himbeer-Gin pur als Shot trinken oder als Basis für eine herrlich fruchtige Gin-Tonic-Variation verwenden.

Ein großes Glas mit Deckel (idealerweise ein Einmachglas) mit reifen Himbeeren und dem Gin Ihrer Wahl befüllen. Schütteln und die Mischung mindestens einen Monat durchziehen lassen. Nach Belieben verwenden.

**Ergibt
1 Einmachglas
Himbeeren
Gin**

Himbeere
Rubus idaeus

Bienenbalsam (*Monarda didyma*), aus Johann Sebastian Müller: *Illustratio Systematis Sexualis Linnaei*, 1804

HONIG-GIN

Hier ist auch noch Megan Gimbers Rezept für mit Honig aromatisierten Gin. Wenn Sie keine Honigwabe auftreiben können, tun es auch einige Esslöffel hochwertiger Honig.

Ergibt 1 Einmachglas

ein quadratisches Stück **Wabenhonig** (ca. 7,5 cm), mehrmals eingeritzt

Gin

Die Honigwabe in ein großes Glas mit Deckel (idealerweise ein Einmachglas) legen und den Gin Ihrer Wahl zufügen. Das Glas verschließen und schütteln. Die Mischung mindestens einen Monat durchziehen lassen. Den Honig-Gin auf Eis als After-Dinner-Drink servieren.

BUCHENLIKÖR

Gehen Sie für dieses ungewöhnliche Getränk Ende April spazieren, suchen Sie eine Buche und pflücken Sie die jungen Blätter. Sie sollten noch hellgrün, weich und zart behaart sein und noch nicht wachsig.

Ergibt ca. 1 l

400 g junge, frische **Buchen-blätter**

1 Flasche (700 ml) **Gin**

300 g **Zucker**

1. Sammeln Sie genügend Buchenblätter, um ein 1-Liter-Einmachglas damit zu füllen. Die Buchenblätter in das Glas geben und kräftig andrücken, um möglichst viele unterzubringen. Je mehr Blätter, desto besser wird das Endergebnis. Oben einen Finger breit Platz lassen.

2. Das Glas mit Gin auffüllen, dabei darauf achten, dass alle Blätter mit Flüssigkeit bedeckt sind. Das ist wichtig, damit der Gin eine schöne hellgrüne Farbe bekommt. Das Glas verschließen und die Mischung zwei Wochen an einem dunklen Ort durchziehen lassen.

3. 200 ml Wasser in einen mittelgroßen Topf geben, den Zucker zugeben und erhitzen, bis sich der Zucker aufgelöst hat. Abkühlen lassen.

4. Den Gin absieben, mit dem abgekühlten Zuckersirup mischen und den Likör in Flaschen füllen. Auf Eis als köstlich würzig-nussigen After-Dinner-Drink servieren.

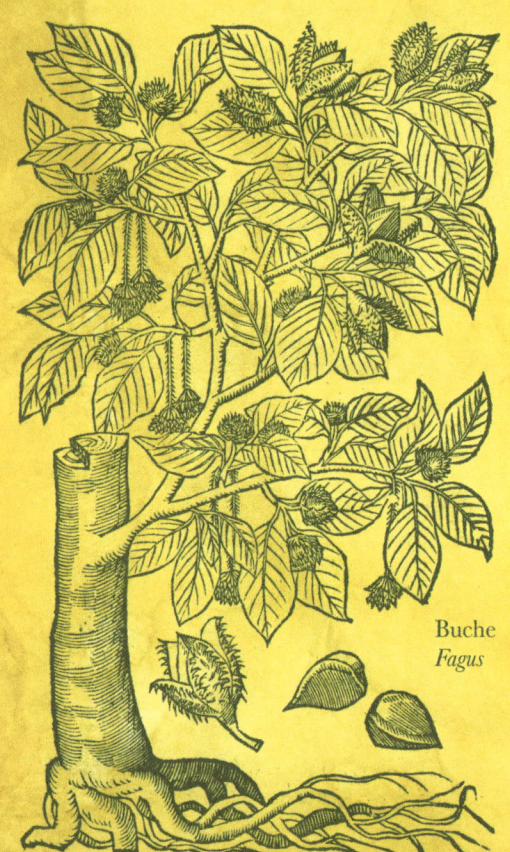

Buche
Fagus

VIOLETTE VOULANS VIN DE NOIX

Dieses Rezept für Walnusswein stammt aus einer provenzalischen Bauernfamilie, wo es von Generation zu Generation weitergegeben wird. Man braucht dafür Geduld, aber das Resultat ist ein köstlicher *Vin de noix*. Als duftig-süßer Aperitif kann man ihn das ganze Jahr über genießen. Dass die Walnussernte bei Sonnenaufgang stattfindet, ist für das Gelingen vermutlich nicht nötig, aber Violette findet, dass es zur Zeremonie des alljährlichen Rituals gehört.

1. Pflücken Sie in der Johannisnacht (am 24. Juni) 39 grüne, unreife Walnüsse. Wenn die Nüsse noch sehr klein sind, fünf Nüsse mehr pflücken.

2. Die ungeschälten grünen Walnüsse mit einem scharfen Messer vierteln – in diesem Stadium sind sie noch weich – und in einen sauberen 10-Liter-Glasballon (oder ein anderes großes Gefäß mit Deckel) füllen.

3. Rotwein, Obstbrand, Orange und Zimt zugeben. Den Glasballon (oder das Gefäß) verschließen und die Mischung den Sommer über durchziehen lassen.

4. In September den Zucker zugeben und das Gefäß rollen oder schwenken, bis sich der Zucker gut verteilt und aufgelöst hat. Danach den Wein filtern und sofort in Flaschen abfüllen. Der Walnusswein sollte so lange wie möglich in der Flasche reifen, aber es ist kein Problem, wenn Sie zu Weihnachten eine Flasche öffnen. Den Wein in kleinen Gläsern als Aperitif servieren.

Ergibt ca. 7 Flaschen à 750 ml

39 noch grüne, unreife **Walnüsse**, gewaschen

5 l, also ca. 7 Flaschen (750 ml) guter **Rotwein**, z. B. Côtes du Ventoux

1 l **Obstbrand** (40 %)

1 **Vanilleschote**

Schale von 1 kleinen **Orange**, vorzugsweise getrocknet

1–2 kleine Stückchen **Zimtrinde**

1 kg **Zucker**

Walnuss (*Juglans regia*), aus Henri Louis Duhamel du Monceau: *Traité des arbres et arbustes*, 1755

JOHANNISBEER-RATAFIA

Ratafia ist ein süßer, mit Branntwein verstärkter Wein, der im 19. Jahrhundert in Mittelmeerländern wie Spanien, Italien und teilweise auch Frankreich sehr beliebt war. Dieses Rezept stammt aus Peter Jonas' Buch von 1818, *The Distiller's Guide*. Die Mengenangaben sind dem Original entnommen, Sie können jedoch auch kleinere Mengen zubereiten – oder ein paar Flaschen verschenken.

Ergibt ca. 5,5 l

2 kg **schwarze Johannis-beeren**, gewaschen

1 kg **Morello-Kirschen**, gewaschen

500 g **Schwarze-Johannis-beer-Blätter**, gewaschen

1 TL **Gewürznelken**

5,5 l **Brandy**

4,5 kg **Zucker**

1. Das Obst zerkleinern und durch ein Sieb passieren.
2. Obstpüree, Blätter, Gewürznelken, Brandy und Zucker in einen Glasballon oder ein großes Gefäß mit Deckel füllen. Luftdicht verschließen und einen Monat ziehen lassen.
3. Nach einem Monat den Ratafia filtern und in Flaschen abfüllen. Sie können ihn sofort trinken oder bis zur Verwendung an einem kühlen, dunklen Ort lagern.

Schwarze Johannisbeere (*Ribes nigrum*), aus Friedrich Gottlob Hayne: *Getreue Darstellung und Beschreibung der in der Arzneykunde Gebräuchlichen Gewächse*, 1805–1809

MRS. BEETONS CHERRY BRANDY

Obst und Gemüse einzulegen, war in den Haushalten der Viktorianischen Zeit eine wichtige Aufgabe. Die Köche ließen sich viele Rezepte einfallen, um Nahrungsmittelüberschüsse auf diese Weise haltbar zu machen. Dieses Rezept für Cherry Brandy ist etwas ganz Besonderes, falls Sie einmal Kirschen übrig haben.

1. Sie benötigen eine oder zwei (je nach Größe auch mehrere) saubere, trockene, luftdicht verschließbare Flaschen mit breitem Hals oder Einmachgläser. Achten Sie darauf, dass die Kirschen nicht überreif sind. Die obere Hälfte der Stiele abschneiden.

2. Abwechselnd Kirschen und Zucker in die Flaschen schichten, bis die Flasche fast bis oben hin voll ist. (Nicht zu viel Zucker nehmen, sonst werden die Kirschen hart.) Je nach Geschmack die Aprikosenkerne oder Bittermandeln zugeben. Mrs. Beeton rät ausdrücklich dazu, da sie »viel zum Aroma beitragen«. Dann mit dem Brandy aufgießen, zwischen Flüssigkeit und Korken oder Deckel ein wenig Platz lassen.

3. Die Flaschen luftdicht verschließen. Falls Sie Korken verwenden, empfiehlt Mrs. Beeton, diese mit einem »Stückchen Fischblase« zu bedecken. Den Wein vor dem Öffnen an einem trockenen Ort 2–3 Monate lagern.

Ergibt ca. 1,1 l

500 g **Kirschen**, gewaschen

75 g **Zucker**

2 **Aprikosenkerne** oder eine Handvoll **Bittermandeln**, blanchiert

150 ml **Brandy**

Kirsche (*Prunus*), aus Antoine Poiteau: *Pomologie française*, 1846

BUCHTIPPS

The Art of Cookery, Made Plain and Easy, By a Lady (Hannah Glasse), 7th edition, A. Millar (1760)
Mrs Beeton's Every Day Cookery and Housekeeping Book, Ward, Lock & Co (1884)
Kew Gardens. Das Kochbuch, Gerstenberg Verlag (2016)
Christiane Holler, *Liköre, Säfte & Co: Hausgemachtes und Heilendes aus Blüten, Früchten und Kräutern*, Kneipp Verlag (2011)
Peter Jonas, *The Distiller's Guide*, Sherwood, Neely, and Jones, und Dring und Fage (1816)
Patrick Ulmer und Moritz Weeger, *Tee: Wie man aus Wasser Freude macht*, Franckh Kosmos Verlag (2014)
Jerry Thomas, *The Bar-Tenders Guide, or How to Mix all Kinds of Fancy Drinks*, Dick & Gerald (1876)

Anmerkung der Herausgeber zu den Pflanzennamen

Die Klassifizierung von Pflanzen ändert sich kontinuierlich, da die wissenschaftliche Forschung immer wieder zu neuen Erkenntnissen kommt. Wir verwenden für die Bildunterschriften in diesem Buch die aktuellen wissenschaftlichen Bezeichnungen, daher können sich einige Namen von den Bezeichnungen in den Illustrationen unterscheiden.

BILDNACHWEISE

S. 37 Queen's Garden, Kew von Rachel Warne
S. 61 Zoffany, Royal Collection Trust
S. 73 Hunte's Gardens, Barbados von Mike Beament

Die Holzschnitte sind entnommen aus:
John Gerard: *The Herball or Generall Historie of Plantes*, 1597.
Nicholas Culpeper: *The Complete Herbal*, 1653.
Pietro Andrea Mattioli: *: Kommentare in sechs Bänden zu De Materia Medica des Arztes Dioskorides von Anazarbaa*, 1559–1660.

Der Herausgeber dankt folgenden Mitarbeitern für ihre Hilfe bei der redaktionellen Entwicklung dieses Buchprojekts: Sophie Burgham, Dominica Costello, Jemma Magrath, Daphne Maryanka, Taffy Schneider, Lorna Terry, Lydia White und den Mitarbeitern der Kew's Library, Art and Archives, vor allem Fiona Ainsworth, Julia Buckley und Lynn Parker.

DANKSAGUNG

Essaybeiträge

Caroline Craig ist Koautorin von *The Little Book of Lunch* und *The Cornershop Cookbook*, erschienen bei Square Peg, Random House. Sie lebt in London.

Hattie Ellis ist Food-Journalistin und Autorin und liefert Beiträge für das Kew-Magazin. www.hattieellis.com

Bob Flowerdew hat über zwei Dutzend Bücher über das Gärtnern veröffentlicht, moderierte die BBC-Sendung *Gardeners' World* und 22 Jahre lang die Radiosendung *Gardeners' Question Time* auf BBC 4.

Gina Fullerlove ist Chefin von Kew Publishing, dem Verlag der Königlichen Botanischen Gärten in Kew.

Susanne Groom ist Journalistin, Autorin und Kuratorin für historische königliche Paläste.

Sarah Heaton ist Stadtgärtnerin, Gartendesignerin und Gartenjournalistin. http://sarahheatongardens.com

Jason Irving arbeitet in Kew am Pflanzennamenprojekt Medicinal Plant Names Services (MPNS), studierte Kräutermedizin in London und veranstaltet Exkursionen zum Pflanzensammeln. www.foragewildfood.com

Sheila Keating arbeitete als Food-Journalistin beim *Times Magazine*, inzwischen konzentriert sie sich auf Bücher

Susanne Masters ist Pflanzenforscherin und schreibt über botanische Zutaten, Reisen, Orchideen, Schwimmveranstaltungen und kulinarische Abenteuer.

Sophie Missing ist Journalistin, Lektorin und Autorin und lebt in London. Sie ist Koautorin von *The Little Book of Lunch* und *The Cornershop Cookbook*, zusammen mit Caroline Craig.

Rezeptbeiträge

Die Royal Botanic Gardens in Kew bedanken sich bei allen, die uns freundlicherweise die Rezepte für ihre Lieblingsgetränke überlassen haben:

Ampersand Caterers: *20 Below, Der Rosengarten, Golden Meadows*; Bompas und Parr LLP: *Die schärfste Bloody Mary der Welt, Schlafmohn-Cocktail wie damals;* Jared Brown, Master Distiller und the Sipsmith Distillery: *London Punsch, Traditioneller Gewürzpunsch, Spiced Tonic;* Jeremy Cherfas: *Kardamom-Kaffee mit Schuss, Warmer Mokka-Punsch*; Max Clark, Leiths School of Food and Wine: *Angels' Breath, Bienenbalsamtee, Limoncello-Fizz, Marmalade-ade, Masala-Chai, Sommernachts-Rosentee, Red Cherry Carnival, Sanguinella Sour, Erdbeer-Basilikum-St.-Germain-Crush, The Great British Bakewell, Pink-Grapefruit-Stiefmütterchen-Tee*; Caroline Craig: *Vanille-Chai, Vin de Noix*; Hattie Ellis: *Würziger Eistee;* Bob Flowerdew: *Eggnog, Veilchen-Tonic, Birnensirup, Himbeersirup;* The Gin Garden: *Paradise Martini, Drei-Frucht-Mary, Rhabarber-Rose* ; Susanne Groom: *Brennnesselbier, Caudle, Schokolade nach Art des 18. Jahrhundert, Zitronen-Gerstenwasser, Molke;* Sarah Heaton: *Grundrezept Frucht-Smoothie, Smoothie-Variationen: Banane-Birne, Zucchini-Gurke, Aprikose-Mandel, Pfirsich-Sahne, Avocado;* Sheila Keating: *Heiße Schokolade mit Chili, Coupette Nr. 3, Chili-Martini;* Susanne Masters: *Ottomanisches Rosen-Sherbet, Levantine Fizz, Fenchelblütenlikör;* Sophie Missing: *Winterlich gewürzter Negroni;* Peyton & Byrne: *Berry Spice;* Sarah Raven: *Rhabarber-Cordial;* Taylors of Harrogate: *Pfefferminz-Mojito-Spritzer, Würziger Apfel-Spritzer, Süßer Rhabarber-Cocktail.*

Das Kew-Verlagsteam dankt den folgenden Mitarbeitern und Freiwilligen für ihre Rezepte:

Mike Beament, (Freiwilliger, Kew Arboretum): *Huntes Ingwerlimonade;* Antony Berry (Fundraising Manager): *Erdnussbutter-Banane-Smoothie, Blaubeer-Smoothie;* Lee Davies (Assistent Fungarium-Kollektion): *Holunder-Rob;* Sarah Fardipour (Business Systems Support Officer): *Süß-saurer Minze-Gurken-Drink aus Persien;* Jonathon Farley (Senior Conservator): *Grog »Norman Court«;* Gina Fullerlove (Verlagschefin): *Weihnachtlicher Rum-Butter-Punsch, Oma Whittenhams Cidre, Glühwein;* Megan Gimber (ehem. Qualitätssicherungsbeauftragte Digitale Sammlungen): *Rhabarber-Holunderblüten-»Champagner«, Meader, Honig-Gin, Himbeer-Gin;* Jonathon Kendon (Labortechniker In-vitro-Biologie): *Granny's Limonade;* Katherine O'Donnell (ehem. Qualitätssicherungsbeauftragte Digitale Sammlungen): *Buchenlikör;* Huma Qureshi (Assistentin Finanzen): *Persischer Rosenblütensirup;* Diana Rawlinson (Support-Team Millennium Seed Bank): *Holunder-Cordial;* Janet Terry (Manager Samenkollektion): *Loganbeeren-Wodka;* Tim Utteridge (Assistent Wissenschaftliche Leitung, Identifizierung & Benennung): *Jus Alpokat, Ingwer-Gin.*

REGISTER

MASSEINHEITEN UND ABKÜRZUNGEN

**In diesem Buch ver-
wendete Abkürzungen**

g	Gramm
kg	Kilogramm
ml	Milliliter
l	Liter
mm	Millimeter
cm	Zentimeter
TL	Teelöffel
EL	Esslöffel

Zitronatzitrone (*Citrus medica*),
Zeichnung eines chinesischen
Künstlers, wahrscheinlich frühes
19. Jahrhundert.